Tobias Ott

Crossmediales Publizieren im Verlag

Praxiswissen

Tobias Ott

Crossmediales Publizieren im Verlag

DE GRUYTER
SAUR

ISBN 978-3-11-030694-1
e-ISBN 978-3-11-030704-7
ISSN 2193-0198

Library of Congress Cataloging-in-Publication Data
A CIP catalog record for this book has been applied for at the Library of Congress.

Bibliografische Information der Deutschen Nationalbibliothek
Die Deutsche Nationalbibliothek verzeichnet diese Publikation in der Deutschen Nationalbibliografie; detaillierte bibliografische Daten sind im Internet über http://dnb.dnb.de abrufbar.

Zeichnungen: Tobias Ott
Satz: pagina GmbH, Tübingen
Druck und Bindung: Strauss GmbH, Mörlenbach
♾ Gedruckt auf säurefreiem Papier
Printed in Germany

www.degruyter.com

Vorwort

Als ich 1996 – ein Jahr nach Abschluss meines Studiums an der Hochschule der Medien (damals »Fachhochschule für Druck«) – an meine Ausbildungsstätte zurückkehrte, um das Fach »elektronisches Publizieren« zu unterrichten, war die Zukunft der elektronischen Medien mehr als ungewiss. Die Medienbranche steuerte gerade auf die erste »Internetblase« zu, in der zahllose Startups wieder vom Markt verschwinden sollten. Und wenn ein Verlag sich damals schon für medienneutrale Daten interessierte, so war der wichtigste Aspekt meist, durch den Einsatz von SGML (XML war noch nicht verabschiedet) die Satzkosten zu senken. Erste CD-ROM-Produktionen lösten gerade die Publikation auf Diskette ab, und der Vertrieb von immateriellen Publikationsformen wie E-Books (ohne die Auslieferung eines Speichermediums) kam in der Diskussion überhaupt nicht vor.

Mit dem »Rocket E-Book« wurde 1999 der erste ernstzunehmende Versuch gestartet, diesen Weg zu beschreiten – doch das Gerät war noch zu klobig, der Markt noch nicht bereit. Wir produzierten bei pagina seinerzeit zahlreiche E-Books für den Rocket E-Book Reader, ich kannte jedoch keinen einzigen Anwender, der das Produkt im Einsatz gehabt hätte. Danach sollte es noch fast 10 Jahre dauern, bis die E-Books einen zweiten, und diesmal überzeugenden Markteintritt starteten.

Währenddessen hatte sich – fast möchte man sagen: stillschweigend – bereits ein breiter Markt für elektronische Publikationen gebildet: Vor allem die Fachinformationsverlage hatten früh erkannt, dass die Durchsuchbarkeit und schnelle Recherchierbarkeit von großen Informationsmengen ein neues Marktsegment eröffnen kann. Zunächst auf CD-ROM, später online, entwickelten sich elektronische Supplemente zu den gedruckten Werken.

Und noch ein dritter Handlungsstrang ist zu verzeichnen: Mit der Entwicklung der Smartphones und Tablets waren universale Mediennutzungsgeräte entstanden, die ihre Daseinsberechtigung – neben der Möglichkeit, immer und überall online zu gehen – vor allem aus der Verfügbarkeit »kleiner Helferlein« (den sogenannten Apps) heraus erhielten.

Von den knapp 20 Jahren, in denen ich mich nun systematisch mit dem Einsatz medienneutraler Daten in der Verlagsbranche beschäftige, Verlage berate und crossmediale Workflows entwickele, waren keine so spannend, ereignisreich – und gleichzeitig auch so stark von Schwierigkeiten für die Branche gekennzeichnet wie die letzten. Die Technologien und die Märkte sind gleichermaßen etabliert, und für die meisten Verlage ist es nur noch eine Frage nach dem »wie« und dem »wann«, nicht mehr nach dem »ob«, wenn es um die Publikation elektronischer Medien geht.

In dieser Situation ist die Idee entstanden, das vorliegende Buch zu schreiben. Es hat keinen Anspruch auf Vollständigkeit, noch konnte ich alle Erfahrungen darin verarbeiten – zu bunt und heterogen ist unsere Branche, als dass sich alles auf wenige mögliche Handlungsstränge herunterbrechen lassen würde. Doch ich habe versucht, einen Überblick und Einstieg in die wichtigsten Technologien zu geben und diese auf die Anwendbarkeit und den Einsatz in der Verlagsbranche hin zu beschreiben. Besonders am Herzen liegt mir allerdings der dritte große Teil dieses Buches, in dem ich verschiedene Workflow-Strategien gegeneinander abgrenze. Ich hoffe, dass vor allem dieser Teil, in den viele systematische Überlegungen und Erfahrungen eingeflossen sind, den Lesern dieses Buches bei der Entscheidung, den Weg zu einem crossmedial publizierenden Verlag zu beschreiten, hilfreich sein wird.

Ein Buch schreibt sich leider nicht ganz von alleine, und so gibt es auch Menschen, denen ich in den letzten Monaten zu wenig Zeit widmen konnte. Ich möchte mich daher ganz herzlich bei meiner Frau Sabine sowie meinen Kindern Leon, Johanna und Sophia bedanken, dafür dass sie mit so viel Verständnis und Geduld die Zeit des Schreibens begleitet haben. Meine Eltern – bis heute selbst in der Datenstrukturierung und -verarbeitung zuhause wie kaum jemand – sowie meiner Kollegin Natalie Ruegenberg möchte ich für die Lektoratsarbeit danken, die dem Buch sehr zugute gekommen ist.

Meine Vorlesungsunterlagen musste ich bisher jedes Jahr umarbeiten, da sich die Branche im stetigen Wandel befindet – und so gehe ich davon aus, dass auch die Inhalte dieses Buches bald schon zahlreicher Ergänzungen und Verbesserungen bedürfen. Ich freue mich über jede Zuschrift, Anregung und Anmerkung und hoffe, diese in einer künftigen Auflage mit einfließen lassen zu können.

Tübingen, im November 2013 Tobias Ott

Inhalt

Teil I: **Eine Branche im Wandel**

1 **Warum crossmedial Publizieren?** —— 3
1.1 Verschiedene Verlage – unterschiedliche Anforderungen —— 4
1.2 Der Weg zum content-zentrierten Verlag —— 5

Teil II: **Die Technik**

2 **Eine kritische Bestandsaufnahme** —— 11
2.1 Immer Probleme mit den Sonderzeichen —— 11
2.2 Viele Dateiformate verderben den Content —— 12
2.3 Reflowable Text oder: Die Umbruchautonomie der Lesegeräte —— 14

3 **Technische Voraussetzungen für das crossmediale Publizieren** —— 16
3.1 Das Geheimnis der Zeichencodierung —— 16
3.1.1 Die Lösung: Character Entities —— 18
3.1.2 Unicode —— 20
3.2 Die Datenqualität —— 22
3.3 Der Anspruch eines Verlages an seine Daten —— 25
3.4 Allgemeine Anforderungen an medienneutrale Daten —— 27

4 **Daten strukturieren mit Auszeichnungssprachen** —— 28
4.1 Strukturen statt Formatierungen —— 28
4.2 Systematische Auszeichnung: Die »Markup Language« —— 29
4.2.1 SGML – die Standard Generalized Markup Language —— 29
4.2.2 HTML – die Hypertext Markup Language —— 30
4.2.3 XML – die Extensible Markup Language —— 30
4.3 XML – eine Auszeichnungssprache —— 31
4.3.1 Erste XML-Dateien erstellen —— 32
4.3.2 Exkurs: Standard-Entities in XML —— 33
4.3.3 Hierarchien in XML —— 34
4.3.4 Leere Elemente —— 35
4.3.5 Attribute in XML —— 35
4.4 Die Wohlgeformtheit —— 37
4.5 Die Baumstruktur in XML-Dokumenten —— 38
4.6 XML – ein freies Format —— 39
4.7 Semantisches Markup – die Dinge beim Namen nennen —— 39
4.8 XML – Ein Regelwerk zum Selbermachen —— 41
4.8.1 Die DTD —— 42
4.8.2 Standard-DTDs —— 44

5 **XML in der Verlagspraxis** —— 45
5.1 Verlagsprojekte und XML —— 45
5.2 Der Weg zu XML —— 46
5.2.1 Der erste Schritt: Die XML-Grammatik —— 46
5.2.2 XML first – XML last —— 46
5.2.3 Integration von XML in die Verlagsarbeit —— 49

6 **Elektronische Publikationen — 50**
6.1 HTML – Die Datenbasis — 50
6.1.1 HTML – Das Prinzip — 50
6.1.2 HTML im Detail — 52
6.1.3 Exkurs: Namespaces — 53
6.1.4 Erste eigene HTML-Seiten — 53
6.1.5 Semantik in HTML: Die Klassen — 57
6.1.6 Die »freien« Elemente <div> und <span> — 58
6.2 CSS – die wichtigste Formatierungssprache weltweit — 61
6.2.1 Das Prinzip von CSS — 61
6.2.2 CSS einbinden — 62
6.2.3 CSS – die Syntax — 64
6.2.4 Die Maßeinheiten in CSS — 67
6.2.5 Farben in CSS definieren — 68
6.2.6 Schriften definieren in CSS — 69
6.2.7 Abstände definieren – das Box-Modell — 70
6.2.8 Die Selektoren in CSS — 72
6.3 EPUB und MobiPocket — 75
6.3.1 Der Aufbau eines EPUB-Dokuments — 76
6.4 Styling von E-Books mit CSS — 79
6.4.1 Abbildungen im EPUB — 80
6.4.2 Schriftendarstellung im EPUB — 81
6.4.3 Grenzen der Formatierung im EPUB — 81
6.4.4 Das Kindle-Format MobiPocket — 82
6.4.5 Ein E-Book automatisiert erstellen — 82

7 **Strukturierte Daten transformieren — 86**
7.1 XSLT — 86
7.1.1 Was ist XSL? — 87
7.1.2 XSLT – die Skriptsprache für XML-Daten — 87
7.1.3 Transformationen mit XSLT — 88
7.1.4 Die XSLT-Arbeitsumgebung — 89
7.1.5 Das XSLT-Template — 89
7.1.6 Das XSLT-Stylesheet — 91
7.1.7 Das Output-Element — 92
7.1.8 Template-Elemente — 93
7.1.9 Auf Knotenwerte zugreifen — 95
7.1.10 Bedingte Verarbeitung und Selektion — 96
7.1.11 Sortierung — 97
7.1.12 Nummerierung — 97
7.1.13 Variablen und Parameter — 98
7.1.14 Einsatz und Grenzen von XSLT — 99
7.2 Eine kurze Einführung in XPath — 101
7.2.1 Das XML-Datenmodell — 101
7.2.2 Syntax — 101
7.2.3 XPath zur Navigation in XML-Dokumenten — 102
7.2.4 XPath zur Analyse von XML-Dokumenten — 103
7.2.5 Absolute Pfadangaben/relative Pfadangaben — 103

Teil III: Strategien zum crossmedialen Workflow

8 Printproduktion und XML – spezifische Probleme der Verlage — 109
8.1 Stolperstein 1:
Layoutintensive Einzeltitel lassen sich nicht automatisieren — 109
8.2 Stolperstein 2:
Die Daten werden erst im Satzprozess auskorrigiert — 110
8.3 Stolperstein 3:
Verlagsdaten enthalten überdurchschnittlich viel »Mixed Content« — 110
8.4 Stolperstein 4:
Nicht jedes Satzsystem beherrscht XML — 111
8.5 Stolperstein 5:
Viele Verlage haben eine geringe Zweitverwertungstiefe — 112

9 Automatisieren der Printproduktion — 113
9.1 Konvertierung der Manuskriptdaten nach XML — 113
9.2 Qualitätssicherung der XML-Daten — 113
9.3 Unterscheidung der Satzsysteme nach Software-Gattungen — 114
9.3.1 Layoutsatzsysteme — 114
9.3.2 Textverarbeitungsprogramme — 115
9.3.3 Werksatzsysteme — 116
9.3.4 Vollautomatisierter Satz — 117
9.3.5 Verarbeitung der Daten nach dem Satz — 118
9.4 Die Alternative zum Roundtripping: Die Produktion über ein Content Management System — 119
9.5 Der richtige Weg für jeden Verlag — 122

10 Szenarien der Umstellung — 123
10.1 Wenn der Workflow feststeht: Entscheidung über die XML-Struktur — 125
10.2 Einführung eines XML-Workflows im Verlag — 129

Teil IV: Anhang

Abkürzungen — 135
Glossar — 136
Register — 148
Über den Autor — 150

Verwendete Marginalien

Zur besseren Übersicht werden im Buch unterschiedliche Symbole als Marginalien verwendet. Diese haben die folgenden Bedeutungen:

Tipp
Hier werden praktische Tipps für den Verlagsalltag, aber auch Warnungen gegeben.

Merke
Hier sind die zentralen Kernaussagen zusammengefasst.

Info
Hintergrundinformationen und Erläuterungen von Randthemen finden Sie unter diesem Punkt.

Beispiel
Die in diesem Werk zahlreichen Code-Beispiele sind mit diesem Symbol gekennzeichnet.

Wichtig
Hier finden Sie Warnhinweise und Punkte, die dringend zu beachten sind.

Teil I: Eine Branche im Wandel

1 Warum crossmedial Publizieren?

Vielleicht irritiert Sie diese Frage – vielleicht langweilt Sie sie auch. Ist die Frage nach dem »Warum« nicht in den letzten zehn Jahren schon hinreichend oft besprochen worden? Dennoch möchte ich Ihnen dieses Kapitel ans Herz legen. Zunächst deshalb, weil sich die Antwort auf diese Frage in den letzten Jahren immer wieder verändert hat. Vor allem aber wollen wir uns an einer Differenzierung der Antwort versuchen. Die Verlagslandschaft ist außerordentlich heterogen – was einem Fachbuchverlag nützt, kann für einen Kinderbuchverlag völlig falsch sein. Was ein großes Verlagsunternehmen benötigt, lässt sich nicht immer auf kleinere Verlagshäuser übertragen. Es gibt Bereiche unserer Branche, die ohne E-Books, online-Angebote und Content-Syndication (dem B2B-Austausch von Inhalten mit Partnern) nicht mehr überlebensfähig wären – und solche, bei denen fraglich ist, ob die Zeit schon reif ist für eine elektronische Vermarktung ihrer Inhalte.

Die Verlagslandschaft ist heterogen

Die Diskussion der Vergangenheit war stark bestimmt von Fragen der Technologie, der Akzeptanz am Markt und rechtlicher Aspekte: sehr grundsätzliche Fragen, deren ausstehende Beantwortung viele Verlage davon abgehalten haben, früh in den Markt elektronischer Medien einzutreten. Allen Detailproblemen zum Trotz können wir heute diese Fragen als zumindest vorläufig geklärt betrachten – mit Ausnahme vielleicht der Tatsache, dass die Rechte-Situation (also die Frage, ob der Verlag das Recht zur Veröffentlichung im elektronischen Medium an den einzelnen Texten und Bildern besitzt) in vielen Fällen immer noch unklar ist.

Etablierte Technologien

Hinsichtlich der Technologie haben sich die HTML-basierten Formate (online-Angebote, EPUB, Mobipocket sowie Web-Apps) und die »nativen«, also frei programmierten Apps durchgesetzt. Für die »schnelle und einfache« elektronische Publikation ist nach wie vor das PDF-Format verbreitet.

Auch die grundsätzliche Akzeptanz elektronischer Bücher am Markt stellt heute niemand mehr in Frage – im Gegenteil, die Verlage sehen sich geradezu gedrängt, ihre Titel auch in elektronischer Form anzubieten. Neue Verlagsverträge sehen von vorneherein die Verwertung der Inhalte auch in elektronischer Form vor.

Die Diskussion hat sich also verändert – von der Frage nach dem »ob« hin zu einer Frage nach dem »wie«. Die Verlage haben sich den neuen Produkten geöffnet, viele haben bereits Erfahrungen mit E-Books gesammelt. Die Kinderkrankheiten bei den Lesegeräten und im Vertrieb sind ausgeräumt – nun gilt es, die internen Abläufe im Verlag so umzugestalten, dass gedrucktes und elektronisches Produkt gleichberechtigt, effizient und qualitativ hochwertig entstehen können: Die Workflows rücken in den Mittelpunkt des Interesses.

Doch noch wird die »neue Art zu Publizieren« bei weitem nicht in allen Verlagen gelebt. Die Sorge vor hohen Initialkosten bei geringem RoI – dem »Return on Investment« – in Kombination mit der häufig noch fehlenden Qualifikation der Mitarbeiter führt zu einem Innovationsstau, der dringend behoben werden muss, soll die Verlagsbranche ihre wichtige Rolle in der modernen Medienlandschaft nicht einbüßen. In einem Verlag muss das Expertenwissen für die Konzeption und Produktion von E-Medien ebenso vorhanden sein wie für Printprodukte. Neue Berufsbilder entstehen – der »CrossMedia-Hersteller« oder der »Content Manager« sind aus einem modernen Verlag kaum mehr wegzudenken. Egal ob Lektorat, Herstellung, Vertrieb oder Marketing: In aktuellen Stellenanzeigen werden entsprechende Qualifikationen erwartet.

Neue Berufsbilder

Dieses Buch soll dazu beitragen, noch bestehende Vorbehalte aufzulösen und einer proaktiven Zuwendung zu den neuen Medienformen den Weg zu ebnen – ohne die bestehenden Produkte aus den Augen zu verlieren. Dabei wird sowohl die Technik (Teil II) beschrieben als auch die zugrunde liegenden konzeptionellen Fragen und der sich daraus ergebende Workflow behandelt (Teil III).

1.1 Verschiedene Verlage – unterschiedliche Anforderungen

Im Lauf der Lektüre wollen wir drei völlig unterschiedliche Verlage auf dem Weg hin zu einem crossmedialen Workflow begleiten:

Fallbeispiel Ratgeberverlag

Der **Schlaumeier-Verlag** ist ein kleiner Ratgeber-Verlag mit 20 Mitarbeitern. Im Jahr entstehen etwa 80 Neuerscheinungen, daneben werden vier Zeitschriften verlegt. Die Produktion ist stark layoutlastig, die Satzarbeiten werden zu etwa 50% im eigenen Haus vorgenommen. Die andere Hälfte der Produktion erfolgt bei kleinen Satzbetrieben, die sich auf Layoutsatz spezialisiert haben und schon seit vielen Jahren sehr günstig und zuverlässig für den Verlag produzieren. Vor etwa 15 Jahren wurde ein neuer Herstellungsleiter eingestellt. Davor war die Produktion sehr chaotisch, Terminprobleme führten zu regelmäßigen Wochenendschichten, die Qualität schwankte stark. Der Herstellungsleiter ist stolz auf den von ihm eingeführten Produktionsworkflow: Die Buchproduktion erfolgt termingetreu, die Satz- und Druckpreise sind extrem günstig verhandelt. Die Bücher sind aufwändig und schön gestaltet – dieser Charakter der Bücher hat auch dazu geführt, dass man sich nicht um elektronische Ausgabeformate gekümmert hatte. »Unsere Bücher leben von der gestalteten Doppelseite, das lässt sich elektronisch nicht abbilden« und »unsere Kunden lieben die Haptik und das Schmökern, das geht nur im Buch« waren zwei der Standard-Aussagen des Verlegers. Doch seit einiger Zeit sind die Umsätze rückläufig. Immer mehr Titel, für deren Themen der Verlag früher ein Alleinstellungsmerkmal am Markt hatte, erreichen nicht mehr die erforderlichen Auflagen. Der Ratgebermarkt ist schwierig geworden; fast jede Information, die früher nur in Buchform zu erhalten war, kann heute über kostenlose Portale recherchiert oder in Communities erfragt werden.

Der Verleger gibt daraufhin die Vorgabe aus, den Verlag zu modernisieren und die Inhalte auch in elektronischer Form anzubieten. Die Mitarbeiter sind ratlos: Alle Abläufe sind auf die Buchproduktion hin optimiert, kein Kollege hat die notwendigen Kenntnisse, die Terminvorgaben des Publikationsplans zwingen das eingespielte Team, weiterhin jeden Tag an der Buchproduktion zu arbeiten.

Fallbeispiel Belletristik-Verlag

Der **Turaliter-Verlag** ist ein mittelständisches Verlagshaus mit über 100-jähriger Tradition. Etwa 50 Mitarbeiter sorgen dafür, dass jährlich 200 Novitäten im Bereich Belletristik und Sachbuch auf den Markt kommen. Die Satzproduktion erfolgt überwiegend bei Dienstleistern, die je nach Anforderung in Layout- oder Werksatzprogrammen arbeiten. Die Umsätze sind stabil, doch es häufen sich die Anforderungen aus dem Vertrieb, die Titel auch als E-Book anbieten zu können. Erste Erfahrungen mit dem EPUB-Format wurden bereits gemacht, indem die fertigen Druckdaten an einen Dienstleister gegeben wurden, der aus den PDF-Daten ein EPUB erzeugte. Die Vertriebsanforderungen konnten damit kurzfristig befriedigt werden, allerdings waren viele Details in den EPUBs nicht zur Zufriedenheit des Lektorats umgesetzt. Auch gibt es noch keine echte Integration der EPUB-Produktion in die Herstellungsprozesse im Verlag. Deshalb plant der Verlag eine Umstellung seiner Produktion auf einen echten crossmedialen Workflow, der ihm alle Möglichkeiten für die Zukunft eröffnet. Dabei ist dem Verleger der Kostenaspekt sehr wichtig: Da außer der Produktion von E-Books keine weitere Zweitverwertung der Inhalte angedacht ist, soll sich das Produktionssystem über die effizientere E-Book-Produktion amortisieren.

Fallbeispiel Fachinformation

Der **Fachverlag Handwerk** ist ein Fachinformationsverlag mit vielen Loseblattwerken, Zeitschriften und Monographien. Die wichtigsten Zielgruppen sind Geschäftskunden und Auszubildende aus allen Bereichen des Handwerks. Die Produktion der Loseblattwerke wurde schon vor vielen Jahren aus Effizienzgründen auf einen XML-Workflow umgestellt. Damals stand allerdings noch nicht die elektronische Zweitverwertung im Mittelpunkt, sondern eine kosten- und workflowoptimierte Printproduktion. Der wichtigste Wettbewerber am Markt hat erst vor kurzem ein eigenes online-Informationsportal gestartet; man befürchtet nun, dass eigene Kunden dorthin abwandern könnten. Selbstkritisch hat man festgestellt, dass das elektronische Medium bei Fachinformationen in vielerlei Hinsicht dem gedruckten Produkt überlegen ist: Das lästige Einsortieren von Ergänzungslieferungen bei Loseblattwerken entfällt, die Aktualität ist immer gegeben, die Recherchemöglichkeiten erlauben einen schnellen und gezielten Zugriff auf Information. Durch die Verbreitung von Tablet-PCs und Smartphones kann der Kunde immer und überall auf die Information zugreifen. Es wird daher nach einer Lösung gesucht, die gesamten Verlagsinformationen elektronisch verfügbar zu machen und über alle Kanäle zu publizieren, die Kundenbindung, Rendite und/oder Renommee versprechen.

Drei Verlagshäuser, drei völlig unterschiedliche Anforderungen – und doch sind es nur verschiedene Aspekte der gleichen Entwicklung: Die Verlagsbranche erlebt einen Wandel, der – anders als die technologischen Neuerungen innerhalb der Buchproduktion in der Vergangenheit – vom Markt selbst verlangt wird und in neue Produkte mündet. Es geht nicht darum, die bestehenden Verlagsprodukte – Bücher, Zeitschriften, Loseblattwerke etc. – noch besser, effizienter, brillanter oder kostengünstiger zu produzieren. Es geht vielmehr darum, Teilnehmer in einem Markt zu werden, der an den Verlagen vorbei entstanden ist und der »von außen« zur Bedrohung werden kann – der aber auch große Chancen in sich birgt.

Der Hunger nach Information war nie größer als heutzutage, und er muss immer schneller und effizienter befriedigt werden. Wenn sich Verlage als Anbieter von hochwertiger (und darum kostenpflichtiger) Information verstehen, so darf es im ersten Schritt gleichgültig sein, auf welchem Wege die Information zum Leser kommt: ob in gedruckter oder elektronischer Form.

1.2 Der Weg zum content-zentrierten Verlag

Von der Produktzentrierung zur Contentzentrierung

Schon seit einigen Jahren hat damit ein Paradigmenwechsel begonnen: der Weg vom produkt-zentriert zum content-zentriert denkenden und arbeitenden Verlagshaus. Wir können hier mit Fug und Recht von einem kopernikanischen Wandel sprechen: Im klassischen Verlagsgeschäft steht noch das konkrete Printprodukt im Mittelpunkt des verlegerischen Interesses. Häufig war es gar das einzige Produkt, das der Verlag hergestellt und vertrieben hat.

Alle Abläufe im Verlag wurden jahrzehntelang auf das Entstehen von Büchern hin optimiert: Von den Autorenverträgen über das Lektorat, die Korrekturzyklen, Gestaltung, Produktion und Auslieferung drehen sich alle Arbeitsschritte um das Produkt Buch. Müssen nun neue, elektronische Produkte entstehen, so lassen sich diese nicht ohne weiteres in die etablierten Workflows integrieren. Die elektronischen Produkte entstehen daher in der Regel nachgelagert, wenn die Lektorats- und Korrekturphase abgeschlossen ist, der Text gesetzt und anhand der Satzausdrucke vom Autor freigegeben wurde. Das elektronische Produkt ist damit dazu verdammt, ein Dasein als Zweitverwertung eines gedruckten Buches zu fristen – und wird die gleichen Schwächen aufweisen wie dieses (keine Interaktivität, keine intelligente Durchsuchbarkeit),

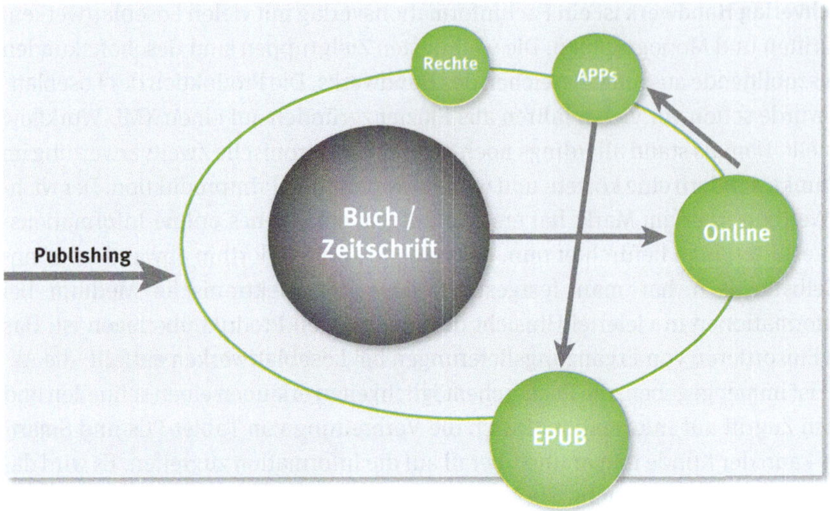

Abb. 1: Die herkömmliche Art des Publishings: Im Mittelpunkt steht das (Print-)Produkt, die anderen – meist elektronischen – Produkte sind Zweitverwertungen aus diesem ersten Produkt und werden nachgelagert erstellt.

dazu eine nicht auf das elektronische Medium abgestimmte Text-Bild-Kombination –, aber nicht alle seine Stärken. Fast alle Verlage machen legitimerweise ihre ersten Gehversuche mit den elektronischen Medien als solcherart nachgelagerte Produktion; eine wirklich zukunftsgerichtete Produktion lässt sich aus diesem printzentrierten Workflow aber nicht ableiten.

Der »moderne« Verlag

Der »moderne« Verlag ist daher ein contentzentriert denkender und arbeitender Verlag. Im Mittelpunkt des verlegerischen Interesses steht nicht mehr ein von vorneherein definiertes Produkt, sondern der »Content«, also die Inhalte, an denen der Verlag die Rechte hält, in einer mehrfach verwertbaren Form. Selbst wenn weiterhin der Hauptumsatz, ja vielleicht sogar der ausschließliche Umsatz mit der Herstellung und dem Vertrieb von Büchern erzielt wird, so entstehen diese aus einem medienneutralen Datenbestand, aus dem gleichermaßen gut auch andere Medienformen abgeleitet werden können.

Was im Schaubild naheliegend und geradezu banal wirkt, bringt in der Umsetzung zahlreiche Schwierigkeiten mit sich: Wie entsteht ein »neutraler Datenbestand«? Wie soll dieser korrigiert werden? Was – wenn nicht einen Ausdruck – erhält der Autor, um sein Werk freizugeben? Wird die Buchproduktion nicht dadurch erschwert, dass im Datenbestand auf einmal Informationen enthalten sind, die im Buch überhaupt nicht umsetzbar sind?

Die Fokussierung auf das Print-Produkt ist tief verwurzelt

Viele dieser Fragen zeigen die tiefe Verwurzelung der Verlage in (zu Recht) etablierten und bewährten Prozessen, in denen bislang gearbeitet wurde und die immer alle auf das Buch als Produkt hinliefen. Nicht wenige Mitarbeiter im Verlag haben sich ja gerade aus Leidenschaft für Bücher für diesen Beruf entschieden und zum Teil jahrzehntelang Bücher produziert. Wir stoßen hier also gleichermaßen auf technologische, konzeptionelle und psychologische Hürden, wenn wir die bestehende Prozesskette über Bord werfen. Und die Frage, ob Aufwand, Risiko und Ertrag in einem vernünftigen Verhältnis stehen ist legitim.

Zum Glück gibt es nicht nur den einen, modernen Workflow, dem sich alle Verlage unterordnen müssten, sondern für jeden Verlag einen von vielen effizienten Wegen zum Ziel. Das Ziel aber haben wir jetzt schon einmal definiert: Ein moderner Verlag muss die Möglichkeit haben, in allen wirtschaftlich relevanten Medienformen

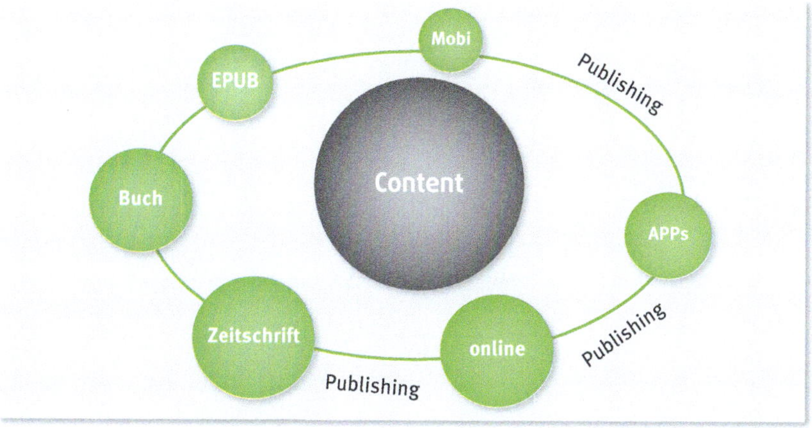

Abb. 2: Der moderne Ansatz des »contentzentriert arbeitenden Verlages«: Im Mittelpunkt steht der neutrale Inhalt, aus dem sich zu jedem Zeitpunkt und gleichberechtigt beliebige Publikationsformen ausspielen lassen.

seine Inhalte effizient zu publizieren. Elektronische Produkte dürfen nicht nur als Zweitverwertung einer Printausgabe verstanden werden, sondern als eine gleichberechtigte – vielleicht irgendwann die führende – Zusammenstellung von Daten, an denen der Verlag die Rechte hält.

Wie schnell der Verlag dieses Ziel erreicht, wie schnell die Märkte neue Produkte einfordern, welche Integrationstiefe in den Verlagsworkflows die Content-Zentrierung erfährt, welche Abteilungen im Verlag wirklich mit medienneutralen Daten arbeiten – all das sind offene Fragen, die es zu lösen gilt und die sich auf das Change Management auswirken.

Aber: jeder Verlag, egal ob klein oder groß, egal in welcher Verlagssparte, egal ob technisch affin oder eher zurückhaltend, kann diesen Wechsel schaffen. Und wie stets, beginnt auch hier die längste Reise mit dem ersten Schritt.

Teil II: **Die Technik**

2 Eine kritische Bestandsaufnahme

Bevor wir uns der Frage zuwenden, wie ein Datenbestand »medienneutral« werden kann, wollen wir zunächst die Datenlage in den Verlagen kennenlernen. Muss wirklich viel an den Abläufen geändert werden, oder ist »contentzentriertes Arbeiten« nicht einfach nur ein Schlagwort, das Selbstverständlichkeiten zusammenfasst? Schließlich wird seit gut 30 Jahren mit Computerunterstützung produziert, die Daten der letzten 10 Jahre sind archiviert und zugänglich. Jeder Verlag arbeitet heute in einer digitalen Prozesskette – so schlimm wird die Situation also doch nicht sein.

Schaut man genauer hin, so stellt man fest, dass es schon in der bestehenden Arbeitsweise eine ganze Reihe von immer wiederkehrenden Ärgernissen mit Dateien, Datenformaten, Inkompatibilitäten etc. gibt. Diese wollen wir im ersten Schritt untersuchen, denn sie gilt es unbedingt abzustellen: Wenn die Daten schon für den Buch-Workflow zu Problemen führen (und hier kann man im Satz noch viel manuell »kaschieren«), so werden diese für eine elektronische Publikation ganz bestimmt nicht geeignet sein.

2.1 Immer Probleme mit den Sonderzeichen

Das erste Problem, das im Umgang mit digitalen Inhalten immer wieder auftaucht, betrifft die schiere Lesbarkeit der Daten. Jeder kennt wohl das Phänomen, dass bei einer gelieferten Datei (besonders häufig tritt dies bei E-Mails auf) einzelne Zeichen – vor allem Umlaute und sonstige »Sonderzeichen« – nicht korrekt dargestellt werden, wie das nachfolgende Beispiel einer E-Mail aus Amerika verdeutlichen soll:

Abb. 3: Mangelnde Abstimmung bei der Zeichencodierung zwischen Sender und Empfänger führen zu fehlerhafter Darstellung von »Sonderzeichen«

Es wäre auch für einen reinen Print-Workflow außerordentlich hilfreich, wenn dieses Phänomen behoben wäre. Bei elektronischen Produkten darf es hingegen auf gar keinen Fall auftreten: Anders als bei der Buchproduktion, wo aus einer auskorrigierten

Druckvorlage beliebig viele *identische* Kopien angefertigt werden, ist diese Identität bei elektronischen Medien nicht gegeben. Die Darstellung der Inhalte auf dem Bildschirm ist jedes Mal ein »Neusatz«, der zur Laufzeit erstellt wird. Es kann also sein, dass ein Text auf drei Lesegeräten einwandfrei dargestellt wird, auf dem vierten jedoch zu Problemen führt.

Einheitliche Zeichencodierung

Bevor wir jedoch diesem Problem auf den Grund gehen (und es ein für alle mal lösen), wollen wir weitere Probleme im Datenhandling bei klassischer Verlagsarbeit identifizieren. Nur dann können wir bei der Einführung eines neuen Workflows dafür sorgen, dass möglichst alle bestehenden Schwächen dabei behoben werden.

2.2 Viele Dateiformate verderben den Content

Neben das Problem der Lesbarkeit von Dateien auf Zeichen-Ebene tritt ein weiteres: Die Lesbarkeit und gemeinsame Verarbeitbarkeit von Dateien verschiedenen Ursprungs. Solange nur das einzelne Buch betrachtet wird – und dieses nur von einem Autor geschrieben wird, entstehen hier in der Regel keine nennenswerten Probleme. Sobald aber ein Werk – z. B. ein Lexikon mit vielen einzelnen Artikeln – von mehreren Autoren, Copy-Editoren, Lektoren etc. geschrieben und bearbeitet wird, wird es wichtig, die Daten über alle Bearbeiter hinweg einheitlich aufzubereiten. Meist versucht der Verlag dies durch die Vorgabe einer einheitlichen Word-Dokumentvorlage. Trotzdem entsteht häufig ein nicht zu geringer Nachbearbeitungs-Aufwand an den Daten, bevor sie zusammengeführt zu einer Gesamtdatei weiterverarbeitet werden können:

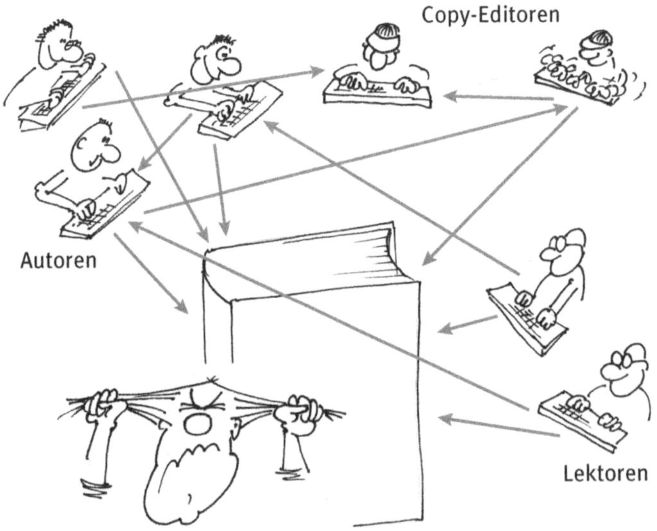

Abb. 4: Je mehr Personen an einem Buchprojekt beteiligt sind, um so wahrscheinlicher ist es, dass der Verlag es mit einer Vielzahl von Datenformaten zu tun bekommt

Einheitliche Textauszeichnung

Wir müssen uns also neben der *Zeichen*codierung auch um die einheitliche *Text*auszeichnung kümmern. Und das sollte möglichst nicht nur bezogen auf eine bestimmte Software (Word, InDesign, Quark XPress o. ä.) sein, denn – und damit kommen wir zum dritten Problemkreis – jedes dieser Programme speichert die Daten in einem anderen, proprietären Format ab. Jedes Satzsystem hat intern eine andere Logik; wenn die einzelnen Satzdienstleister des Verlages verschiedene Satzsysteme oder auch nur verschiedene Versionen eines Layoutprogrammes einsetzen, lassen sich selbst durch Vereinheitlichung des Layouts kaum Einsparpotentiale erreichen.

Abb. 5: Ohne systematische Vereinheitlichung der Workflows ist auch bei gleichartigen Publikationen kaum eine Kostenersparnis möglich

Einheitliche Datenbasis

Schon eine neue Programmversion eines Satzsystems kann zu Umbruchverschiebungen bei den bereits erstellten (»Stehsatz-«) Daten führen; wenn in der Zukunft die eingesetzte Software vielleicht gar nicht mehr zur Verfügung steht, kann es passieren, dass die mit viel Aufwand archivierten Daten überhaupt nicht mehr gelesen werden können oder zumindest einem aufwändigen Konvertierungsprozess zugeführt werden müssen.

Abb. 6: Proprietäre Daten sind nicht für die Archivierung gedacht

Wir sehen, es gibt eine ganze Reihe von datentechnischen Problemen zu lösen, selbst dann, wenn das Buch weiterhin im Mittelpunkt des verlegerischen Interesses bleibt und eine Zweitverwertung der Daten nicht unmittelbar angedacht ist.

Kommen wir daher nun erstmalig auf die (datentechnischen) Anforderungen von elektronischen Publikationen zu sprechen. Es wird sich dabei schnell zeigen: Was im Buch-Produktionsprozess an Datenqualität wünschenswert wäre, ist für das elektronische Produkt unbedingte Voraussetzung.

2.3 Reflowable Text oder: Die Umbruchautonomie der Lesegeräte

Es gibt nämlich einen entscheidenden Unterschied zwischen der Veröffentlichung in gedruckter Form und der elektronischen Publikation: Im Druck-Workflow gibt es einen definierten Zeitpunkt, an dem der Umbruch- und Korrekturprozess abgeschlossen ist. Dieser Zeitpunkt manifestiert sich in der »Imprimatur« (lat.: »es möge gedruckt werden«), mit der der Verlag die Freigabe für den Druck erteilt und mit dem der Vorstufen-Prozess abgeschlossen ist. Ist die Druckvorlage (in der Regel ein PDF) fehlerfrei, so kann der Verlag davon ausgehen, identische Kopien dieser Vorlage durch den Druckprozess zu erhalten.

Genau dieses Grundprinzip des verlegerischen Handelns, das Herstellen identischer Kopien, gibt es in den meisten Kanälen des elektronischen Publizierens nicht: Hier findet der »Umbruch« der Information erst auf dem Endgerät (dem Browser, dem E-Book-Reader, dem Tablet-PC, dem Smartphone) statt. Dieser Effekt ist gewünscht, birgt er doch alle Vorteile des elektronischen Lesens: Der Text soll sich an die Größe des jeweiligen Lesegeräts und an die Lesegewohnheiten des Nutzers anpassen. Man spricht hierbei von »reflowable Text«.

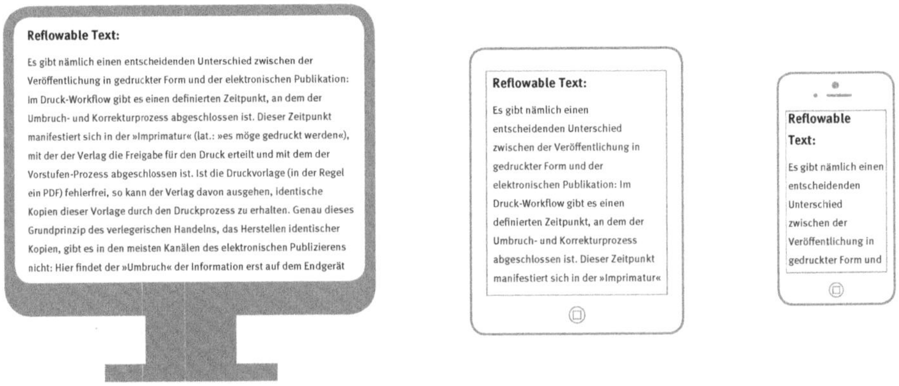

Abb. 7: Das Prinzip des »reflowable Text«: Derselbe Inhalt wird – je nach Größe des Ausgabegeräts – unterschiedlich umbrochen

Automatischer Umbruch lässt keine »Tricks« zu

Was dem Anwender nützt, ist für den Verlag eine völlig neue Herausforderung: Er kann die konkrete Darstellung seiner Inhalte (am Bildschirm) nicht mehr alleinverantwortlich steuern. Der Umbruch – man spricht hier vom »Rendern« einer Bildschirmseite – entsteht erst zur Laufzeit am Bildschirm, auf den verschiedensten Endgeräten, auf deren Konfiguration der Verlag keinen Einfluss hat. Damit verbieten sich sämtliche satztechnischen »Tricks«, mit denen eine bestimmte typographische Umsetzung im Satzbild erzwungen werden konnte:
- Werden im Satz Teile der Seite mit einem weißen Rahmen »überdeckt«, so wird der abgedeckte Bereich im elektronischen Produkt wieder sichtbar sein.
- Werden im Satz Sonderzeichen aus einem eigenen Font verwendet und dieser Font ist nicht auf sämtlichen (!) Lesegeräten installiert, so fehlt möglicherweise das Zei-

chen in der Darstellung am Bildschirm. Aus »µg« (Mikrogramm) wird dann möglicherweise »g« (Gramm) – mit allen haftungsrechtlichen Folgen für den Verlag, z. B. im medizinischen oder pharmazeutischen Umfeld.
- Werden im Satz Schriftzeichen »von Hand« mit einem darüber liegenden Akzent versehen, so wird dieser im elektronischen Produkt nicht auftauchen.
- Werden im Satz Textrahmen an einer bestimmten Stelle auf der Seite positioniert – z. B. um eine Marginalie darzustellen – so fehlt im elektronischen Produkt die Verbindung zum Text und der Rahmen wird womöglich an völlig falscher Stelle – wenn überhaupt – auftauchen.
- Wird im Satz der Ausschnitt eines Bildes verändert, nicht aber das Bild selbst beschnitten, so wird im elektronischen Produkt wieder das Gesamtbild (und nicht nur der Ausschnitt auftauchen).

Abb. 8: Spätestens, wenn Sie elektronisch Publizieren wollen, müssen Sie sich all diesen datentechnischen Herausforderungen stellen!

Ein Verlag, der elektronisch publizieren möchte, sollte daher auf jeden Fall auch seine Abläufe im Print kritisch hinterfragen und dafür Sorge tragen, dass technisch makellose Daten zur Verfügung stehen.

Was aber heißt »technisch makellos« – und wie erreicht man das? Darum wollen wir uns im nächsten Kapitel kümmern.

3 Technische Voraussetzungen für das crossmediale Publizieren

3.1 Das Geheimnis der Zeichencodierung

Wenden wir uns zunächst wieder der Email zu, in der wir die fehlerhaften Schriftzeichen gefunden haben. Wie kommt es, dass manche Schriftzeichen immer richtig ankommen, andere – zum Beispiel die Umlaute, Akzentbuchstaben etc. – immer wieder falsch?

Die Speicherung digitaler Daten

Um das zu verstehen, müssen wir einen kleinen Exkurs in die Computertechnik unternehmen. Seit jeher wird jedes Zeichen, das in den Rechner eingetippt wird, auf je einem Byte Speicherplatz abgelegt. Ein »Byte« ist die kleinste Speichereinheit, die ein Anwendungsprogramm wie Word oder InDesign ansteuern kann. Ein Byte belegt also eine bestimmte Menge Speicherplatz (z. B. auf der Festplatte), nämlich acht Bit. Das einzelne Bit wiederum kann nur die Werte »0« oder »1« annehmen – die Grundlage jedes digitalen Prozesses. Ein Byte, das aus acht Bit besteht, kann 256 verschiedene Werte – Speicherzustände – annehmen, von dem Wert 00000000 bis zum Wert 11111111. Im Grunde genommen arbeitet jeder Computer auf der Welt nach diesem Prinzip. Die Verständigung auf das Byte als kleinste Austausch-Einheit ist die Grundlage der elektronischen Datenübertragung von einem Computer auf einen anderen. Und: Die Datenübertragung selbst funktioniert sehr zuverlässig – sie ist das Rückgrat unserer gesamten digitalen Gesellschaft.

Das heißt aber auch: Es ist faktisch ausgeschlossen, dass die Datei beim Übertragen tatsächlich »kaputt« gegangen ist, und das auch noch immer an den gleichen Stellen (nämlich z. B. bei den Umlauten). Auch kann davon ausgegangen werden, dass die Datei bei lesendem Zugriff auf den Speicher nicht verändert wird.

Abb. 9: Auch wenn es am Bildschirm anders aussieht: Das gespeicherte Zeichen ist keineswegs »kaputtgegangen«. Es wird lediglich vom Zielrechner anders interpretiert

Es ist zunächst einmal eine gute Nachricht, dass der Datei selbst nichts passiert ist. Dennoch ist die Darstellung des Zeichens falsch. Was also ist passiert?

Wenn das Byte (im Beispiel: ein Byte mit dem Wert 10100110) fehlerfrei auf dem Zielrechner ankommt, so bleibt eigentlich nur noch eine mögliche Lösung: Das Byte wird anders *interpretiert* als vom Sender der Nachricht beabsichtigt. Das gilt es künftig zu verhindern. Aber warum wird es falsch interpretiert?

Bytes werden interpretiert

Ein Byte besteht, wie gesagt, aus acht Bit. Damit kann auf einem Byte maximal eines von 256 Zeichen abgespeichert werden. Wir stellen uns das Speichersystem von Zeichen im Computer wie einen alten Setzkasten vor, in dem früher im Bleisatz die einzelnen Bleilettern abgelegt waren:

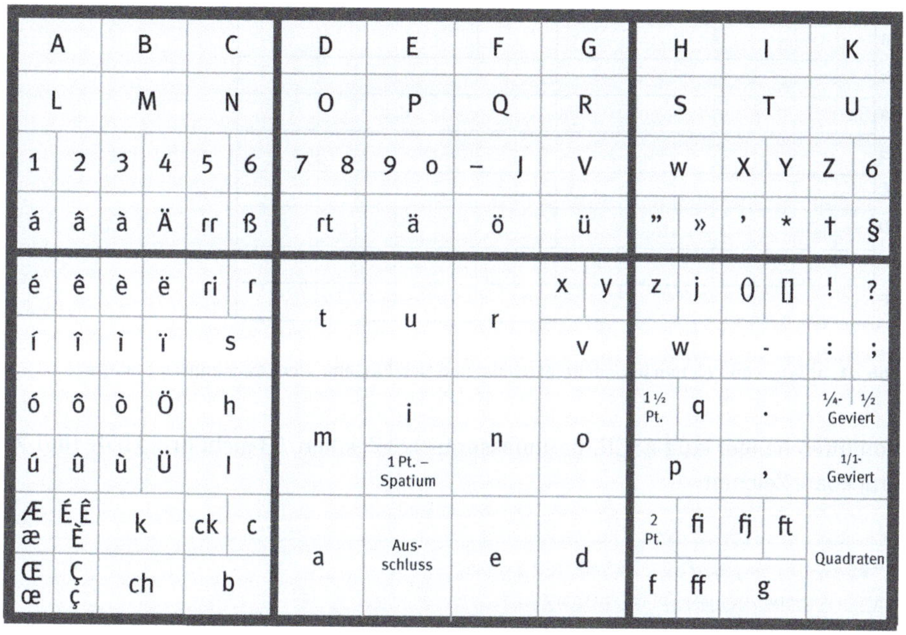

Abb. 10: klassische Zeichenbelegung in einem Blei-Setzkasten

Die Codepage

Dieser Setzkasten heißt im Computer »Codepage« und besteht aus 256 Kästchen, in dem die Buchstaben »abgelegt« sind. Wenn ein Byte mit einem bestimmten Wert dargestellt werden soll, so wählt der Rechner das Zeichen aus, das diesem Wert entspricht und stellt es am Bildschirm dar. Der Rechner kann also nicht überprüfen, ob er jetzt wirklich ein »ü« darstellt, denn was ein »ü« ist, ist ihm nicht bekannt. Vielmehr »greift« er zielstrebig immer ins gleiche Fach des Setzkastens und holt das Zeichen.

Das Problem ist nur: Es gibt weit mehr als 256 Zeichen auf der Welt. Wir sprechen noch nicht von den verschiedenen Fonts, über die ein Zeichen unterschiedlich dargestellt werden kann, sondern lediglich von den bedeutungsverschiedenen graphischen Einheiten in einem Schriftsystem. Neben den lateinischen Schriftzeichen gibt es ja auch die griechischen, kyrillischen, arabischen, hebräischen... und gleichzeitig stehen aber zunächst nur 256 Speicherplätze zur Verfügung.

Dieser »Engpass« in der Computertechnik hat in den Anfangstagen der Computertechnik dazu geführt, dass die einzelnen Computerhersteller sich den »Setzkasten« jeweils unterschiedlich bestückt hatten. Eine Weitergabe von Daten von einem Rechner auf einen anderen war damit fast unmöglich – war es doch möglich, dass beim Empfänger kein einziges Zeichen auf der selben Speicheradresse abgelegt war wie beim Sender.

ASCII

Um diesem Problem zu begegnen, wurde bereits 1963 ein einheitlicher Standard zur Belegung der Codepages beschlossen – der American Standard Code for Informa-

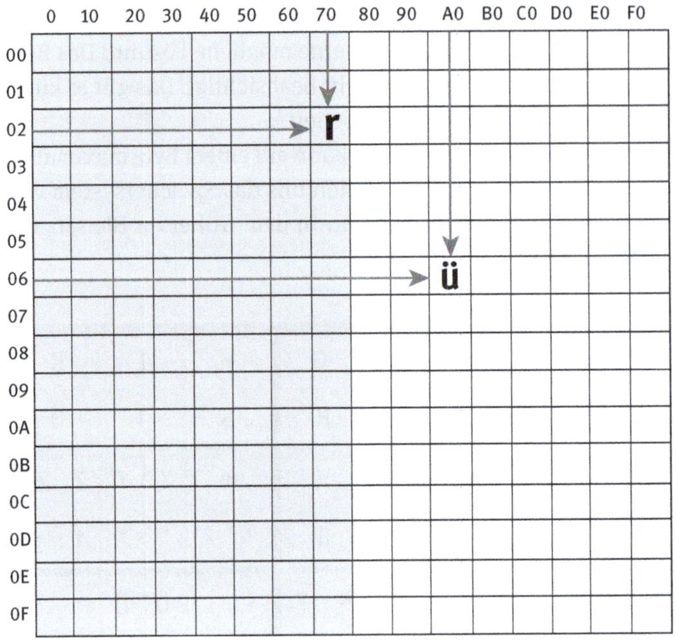

Abb. 11: Ablage von Zeichen in dem »elektronischen Setzkasten«, der sogenannten Codepage

tion Interchange, kurz ASCII. Er umfasst nur 128 Zeichen, 33 nicht druckbare und 95 druckbare Zeichen:

```
!"#$%&'()*+,-./0123456789:;<=>?
@ABCDEFGHIJKLMNOPQRSTUVWXYZ[\]^_
`abcdefghijklmnopqrstuvwxyz{|}~
```

Heute gilt die Vereinbarung, dass diese 128 Zeichen von jedem Computer unterstützt werden sollen – die erste Hälfte des »Setzkastens« ist also auf jedem Rechner der Welt identisch belegt. Das schuf die Möglichkeit zum verlässlichen Datenaustausch und ist bis heute der zuverlässigste Datenübertragungscode. Die zweite Hälfte des »Setzkastens« wird hingegen je nach Sprachraum unterschiedlich belegt. Und hier findet sich die Auflösung, warum bestimmte Zeichen, nie aber die lateinischen Grundbuchstaben, so oft falsch dargestellt werden: Sie werden schlicht mit einer falschen Codepage dargestellt. Um weiter in der Bildsprache des Setzkastens zu bleiben: Der Rechner hat in das richtige Kästchen gegriffen – aber in den falschen Setzkasten.

3.1.1 Die Lösung: Character Entities

Der ASCII-Code wurde rasch zur Standard-Zeichencodierung für den Datenaustausch – war er doch der einzig zuverlässige Code, um Textinformationen zu übertragen. Doch blieb ein Problem bestehen: Wie überträgt bzw. codiert man die Zeichen, die *nicht* Bestandteil des ASCII-Codes sind? Denn genau bei diesen tritt ja das Problem der »verschiedenen Setzkästen« auf.

Der Aufbau der Entities

Die Antwort war einfach: wenn es nur 95 druckbare Zeichen gibt, die zuverlässig weltweit identisch gelesen werden, dann dürfen auch nur diese Zeichen für die Datenübertragung genutzt werden, wenn diese zuverlässig funktionieren soll. Alle

Zeichen, die nicht Bestandteil des ASCII-Codes sind, müssen daher codiert werden – als eine Folge von Zeichen, die ihrerseits wieder Bestandteil des ASCII-Codes sind. Aufgrund dieser Überlegungen entwickelte man für die Ersatzzeichenfolgen, die in mehreren ISO-Standards Eingang gefunden haben, sogenannte Character Entities. Sie beginnen immer mit einem »&«-Zeichen und enden mit einem »;«. Dazwischen sind ausschließlich ASCII-Zeichen erlaubt – und auch das & und das »;« selbst sind Bestandteile des ASCII-Codes. Die ISO-Standard-Entity für ein »ü« lautet so z.B. `ü`.

Abb. 12: Durch den Einsatz von Entities werden zwar mehr Zeichen übertragen, dafür aber nur ASCII-Zeichen, die vom Zielrechner sämtlich korrekt interpretiert und in der Darstellung wieder durch das ursprünglichen Zeichen (hier: »ü«) ersetzt werden

Auf diese Weise werden zwar mehr Zeichen übertragen, aber ausschließlich ASCII-Zeichen. Diese werden vom Zielrechner korrekt interpretiert und die Entities werden für die Darstellung am Bildschirm wieder in die zugehörige Glyphe umgewandelt.

Auf diesem Grundprinzip basiert bis heute ein Großteil der Datenübertragung im gesamten Internet. Jeder Browser (das Darstellungsprogramm, das benötigt wird, um eine Website anzuzeigen) hat umfangreiche Listen von Standard-Entities und deren Auflösung hinterlegt. Die Umwandlung von Entity zur darzustellenden Glyphe geschieht in Echtzeit, während der Browser die Webseite aufbaut.

Tipp:
Sie können dieses Prinzip leicht selbst überprüfen, indem Sie sich den Quellcode einer Webseite anzeigen lassen. In den meisten Browsern können Sie das dadurch tun, dass Sie mit der rechten Maustaste in den Text der Webseite klicken und dann den Menüpunkt »Seitenquelltext anzeigen« auswählen.

Natürlich muss der Anwender die Entities nicht im Quellcode eintippen; ebenso, wie der Browser das Entity interpretiert, gibt es Programme, um Webseiten zu erstellen, die beim Eintippen eines Sonderzeichens gleich das zugehörige Entity in den Quellcode der Seite einfügen.

Dieses Prinzip war Jahrzehnte lang die einzige zuverlässige Möglichkeit der Datenübertragung. Aber es erfuhr seine Grenzen mit der zunehmenden Globalisierung. Denn beim ASCII-Code handelt sich nun einmal um den *American* Standard Code – das heißt, er basiert auf dem lateinischen Alphabet. Für alle Länder, deren Sprachen auf diesem Alphabet basieren, ist der ASCII-Code ein sehr effizientes Mittel der Zeichencodierung. Nicht so für Länder, die andere Alphabete verwenden. Für diese galt: ALLE Schriftzeichen der eigenen Sprache müssen stets in Entities umgewandelt werden – und zwar in einem Alphabet (dem lateinischen), das der Schreiber der Seite möglicherweise gar nicht versteht. Anders herum ausgedrückt: Wäre das einheitliche Codierungsschema nicht in Amerika, sondern in Indien entwickelt worden, müssten wir heute jeden Buchstaben aller unserer Texte als eine Folge von Devanagari-Zeichen codieren.

3.1.2 Unicode

Die Zeit war reif für eine neue Form der Zeichencodierung, die weltweit Gültigkeit hat und keine Länder oder Kulturen ausgrenzt. Etwa 30 Jahre nach der Einführung von ASCII, nämlich schon 1991, wurde daher ein neues Codierungsschema ins Leben gerufen: Unicode.

Unicode war in seiner ursprünglichen Fassung ein reiner Zwei-Byte-Code. Das heißt, jedes Zeichen, das in den Rechner eingegeben wird, belegt nicht mehr ein Byte Speicherplatz, sondern zwei. Damit stehen rechnerisch nicht mehr 2^8=256 eindeutig codierbare Zeichen zur Verfügung, sondern 2^{16}= 65.536 Zeichen.

Abb. 13: Durch den Einsatz von UNICODE entfällt meist die Notwendigkeit, Sonderzeichen über Entities zu codieren: Mehr als 1 Million Zeichen sind eindeutig plattformneutral codierbar

Ziel der Entwickler war es, alle Zeichen aller gesprochenen Staatssprachen dieser Welt – und viele weitere Zeichen (mathematische Symbole, Phonetik etc.) eindeutig abzubilden. Dieses Ziel darf heute als erreicht angesehen werden und ist von nicht zu unterschätzender kulturpolitischer Tragweite: Sind doch erstmalig alle Sprachen weltweit – auch solche, die nur noch in kleinen Regionen dieser Welt gesprochen werden – völlig gleichberechtigt am weltweiten Datenaustausch beteiligt.

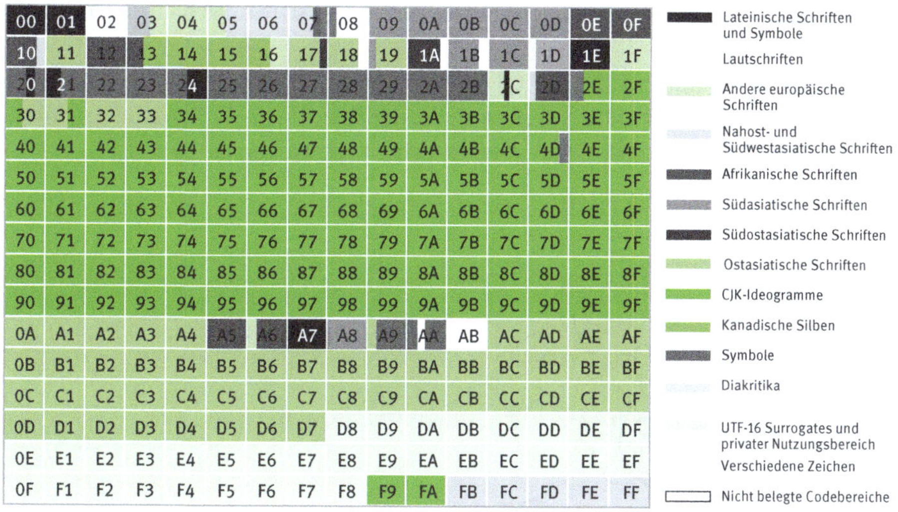

Abb. 14: Grafische Darstellung der *Basic Multilingual Plane*

Mit der Entwicklung von Unicode 2.0 (1996) gibt es nun insgesamt 17 solcher 2-Byte-Bereiche, so dass in Wirklichkeit über 1 Million Zeichencodierungsplätze zur Verfügung stehen. Die meisten davon sind noch nicht definiert.

UTF-8

Im westlichen Kulturkreis hat sich die Codierungsform UTF-8 zur Speicherung von Unicode-Zeichen durchgesetzt. UTF-8 (*8-bit* Universal Character Set Transformation Format) speichert die 128 Zeichen des ASCII-Codes auf nur einem Byte, die weiteren Zeichen (also die nicht-lateinischen Schriftzeichen) auf zwei bis maximal vier Bytes. Damit können alle alten ASCII-codierten Daten einfach mit »copy&paste« in eine Unicode-Datei übernommen werden, ohne dass sie erst in ein Zwei-Byte-System konvertiert werden müssten. Da außerdem in der westlichen Welt die lateinischen Grundbuchstaben die mit Abstand häufigsten Zeichen sind, führt der Einsatz von UTF-8 in unserem Kulturkreis zu besonders schlanken Daten, d. h. diese brauchen wenig Speicherplatz.

Die »neue« Form der Codierung von Webseiten, nämlich XHTML statt HTML, basiert stets auf dem UTF-8-Format.

Merke
Unicode ist ein Standard zur Zeichencodierung, der eine plattformneutrale Speicherung von Textdaten zum Ziel hat. »Plattformneutral« heißt, dass die Daten auf verschiedenen (Rechner-)Plattformen gelesen werden können, ohne konvertiert werden zu müssen. Die Plattformneutralität ist die wichtigste Grundlage des elektronischen Publizierens.

Mit Unicode haben wir also bereits eine wichtige Voraussetzung erreicht, um Verlagsinhalte auch elektronisch anbieten zu können. Doch sind wir damit noch lange nicht am Ziel: Auch Word- oder InDesign-Daten arbeiten mittlerweile intern auf Basis von Unicode – dennoch sind diese Daten weit davon entfernt, ohne Konvertierung elektronisch verwertet werden zu können. Neben dem (mit Unicode gelösten) Problem der Codierung der einzelnen Zeichen müssen wir uns also auch noch mit der Art der Speicherung ganzer Dateien auseinandersetzen.

3.2 Die Datenqualität

Der konventionelle Publikationsworkflow

Betrachten wir dafür einmal eine Kochbuchproduktion des Schlaumeier-Verlages. Hier wird »konventionell«, d. h. buchzentriert gearbeitet, so wie das heute in den meisten Verlagen üblich ist.

In diesem Fall durchläuft ein Titel folgende Produktionsworkflows:
Am Anfang steht die Buchidee. Diese wird von der Lektorin in ein Konzept überführt, das im Idealfall bereits die Belegung der einzelnen Buchseiten in Form eines Skribbles umfasst.

Abb. 15: Der konventionelle Buchworkflow: Am Anfang steht die Buchidee

Auf der Grundlage dieses Seitenbelegungs-Plans kann ein Autor beauftragt werden, die entsprechenden Rezepte zu entwickeln und als Manuskript zu liefern.

Abb. 16: Der Autor verfasst das Manuskript in beliebiger Form

Der Übersichtlichkeit halber betrachten wir im Folgenden nur einen kleinen Ausschnitt aus einem Rezept:

```
Zutaten:
1 frisches Huhn
```

Dieser kurze Text umfasst gerade einmal 24 Zeichen (er sollte also in UTF-8-Codierung auch nur 24 Byte Speicherplatz umfassen). Er soll nun einerseits in Druckform gebracht, also ansprechend formatiert werden, und andererseits auch als Grundlage für eine elektronische Fassung dienen. Zunächst einmal muss der Text erfasst werden. Das geschieht, wie allgemein üblich, in Word, dem am weitesten verbreiteten Textverarbeitungssystem.

Abb. 17: Das Manuskript wird erfasst bzw. von einem Copy Editor überarbeitet

Die Daten sind nun elektronisch gespeichert, aber in einem ganz bestimmten Format, nämlich dem internen Speicherformat von Word. Am Bildschirm steht dabei genau der kurze Wortlaut, den wir erfasst haben – doch was wurde tatsächlich auf die Festplatte des Rechners gespeichert? Ein Blick in den Quellcode der Word-Datei lässt schlimmes vermuten:

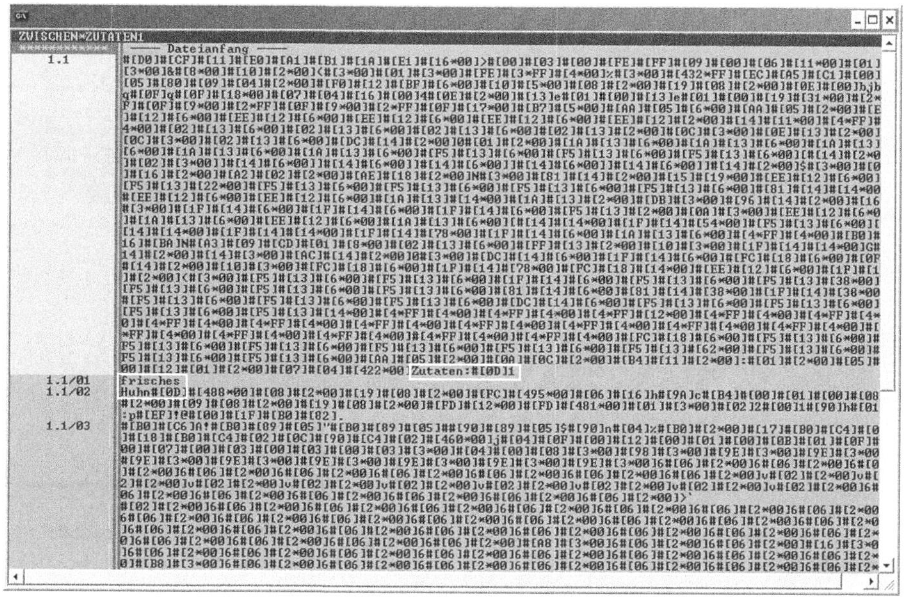

Abb. 18: Ausschnitt aus den Original-Word-Daten. Solche Daten sind nicht medienneutral!

Der eigentliche Content (»Zutaten: 1 frisches Huhn«) geht fast unter in der Menge an sonstigem Code – insgesamt weist die Datei ein Speichervolumen von ca. 20 kB (20.000 Byte) auf, also fast tausendmal so viel Code, wie wir eigentlich an Content erfasst haben.

Dieser Code wird nun an das Satzsystem (in unserem Beispiel: InDesign) übergeben.

Abb. 19: Die Daten gehen in den Satz

Durch das Layouten der Daten wird der Text dabei mit immer mehr Zusatzinformationen angereichert, wie der Blick in den Quellcode der InDesign-Datei vermuten lässt:

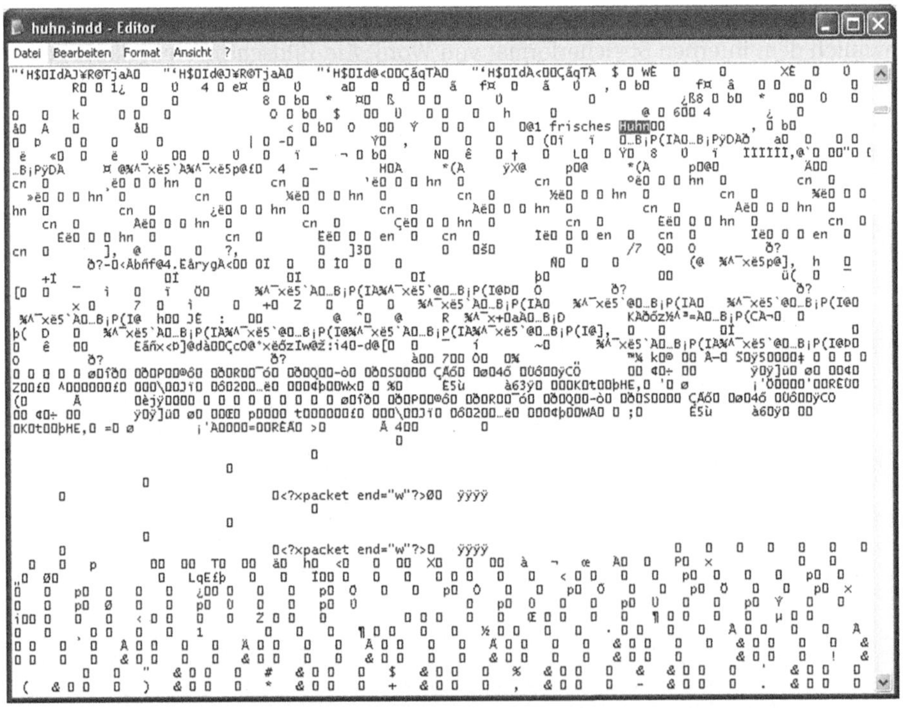

Abb. 20: Ausschnitt aus den InDesign-Daten. Auch diese Daten sind nicht für eine crossmediale Verwendung geeignet

Die Datei (sie enthält immer noch nur die Worte »Zutaten: 1 frisches Huhn«!) ist mittlerweile auf ein Dateivolumen von 944 Kilobyte angewachsen, d. h. das etwa dreißigtausendfache des ursprünglichen Datenvolumens.

Das Buch mag nun – nach Abschluss der Layoutphase – ein hervorragendes Produkt geworden sein; die Daten des Buches aber sind für eine automatisierte Zweitverwertung definitiv ungeeignet.

Abb. 21: Der Abschluss der konventionellen Buchproduktion: Das Printprodukt ist fertiggestellt – aber wie sehen die Daten aus?

Es stellt sich die Frage, warum das Datenvolumen so stark angeschwollen ist und welcher Art die Informationen sind, die nicht den eigentlichen Text betreffen. In der Antwort liegt das Hauptproblem der »klassischen« Buchproduktion verborgen: In der Regel werden Inhalt und Formatierung gemeinsam abgespeichert. Wird in einem der gängigen Programme (hier: Word bzw. InDesign) eine Datei abgespeichert, so wird genau *eine* Datei erzeugt – im Beispiel Word die .doc-Datei. Wird diese wieder geöffnet, so erwartet der Anwender nicht nur den Inhalt, den er eingegeben hat, wieder am Bildschirm zu sehen, sondern vielmehr den Inhalt in genau der Gestaltung (Satzspiegel, Schriftart, Zeilenabstand, Farbigkeit und vieles mehr), wie er ihn abgespeichert hat. In der einen Datei, die abgespeichert wurde, muss also viel mehr Information enthalten sein als nur der eigentliche Inhalt. Je nach Software sind auch noch die Angaben über die letzten vorgenommenen Arbeitsschritte in der Datei enthalten, damit der Anwender über die »Rückgängig«-Funktion alte Stände der Arbeit wieder herstellen kann.

All das ist sehr komfortabel für die Arbeit am Druckwerk – für die Weiterverarbeitung der Daten in anderen Medien sind diese Informationen in aller Regel unerwünscht. Die Vermischung von Inhalt und Layout-Information ist dabei so stark, dass häufig eine Neuerfassung der Texte günstiger ist als die Konvertierung der fertig umbrochenen Daten.

3.3 Der Anspruch eines Verlages an seine Daten

Es ist die Kernaufgabe eines Verlages, die Inhalte, für die er die Rechte zur Vervielfältigung und Verbreitung hat, einem möglichst großen Nutzerkreis zugänglich zu machen. Das schließt die Verwertung der Inhalte in elektronischer Form mit ein. Deshalb sichert sich der Verlag in der Regel alle Rechte auch für die digitalen Medien.

Single Source Publishing

Aus Effizienzgründen bietet es sich an, für alle Medienformen denselben Datenbestand zu nutzen. Diese Forderung steckt hinter dem Begriff »Medienneutrale Daten«. Die daraus resultierende Arbeitsweise nennt man »Single Source Publishing«, frei übersetzt »das Publizieren aus einer (Daten-)Quelle«. Diese Arbeitsweise wird von immer mehr Verlagen strategisch vorgegeben. Für den Hersteller/Produktioner folgert daraus die konkrete Aufgabe: Wie schaffe ich es, die Daten mehrfach zu verwenden?

Multi Channel Publishing

Die Mehrfachnutzung von Daten, insbesondere ihre Publikation in unterschiedlichen Medien (Cross Media Publishing, Multi Channel Publishing) setzt voraus, dass die Inhalte in einer Form vorliegen, die von der jeweils notwendigen Verarbeitungssoftware gleich gut verarbeitet werden kann.

Hat der Verlag die Mittel investiert, um den Inhalt in einen entsprechend strukturierten Datenbestand zu überführen (was idealerweise vor Beginn der Satzarbeiten geschieht), so ist jede Aktualisierung und jede Folgepublikation, die aus diesem Datenmaterial automatisiert erzeugt werden kann, nur noch mit geringen Kosten verbunden. Kann der Datenbestand nun nicht nur für Print-, sondern auch für elektronische Publikationen als Quelle dienen, so hat der Verlag die Voraussetzungen für das Cross Media Publishing erfüllt. Er kann die Inhalte in den unterschiedlichsten Medien zielgruppengerecht, schnell und kostengünstig publizieren.

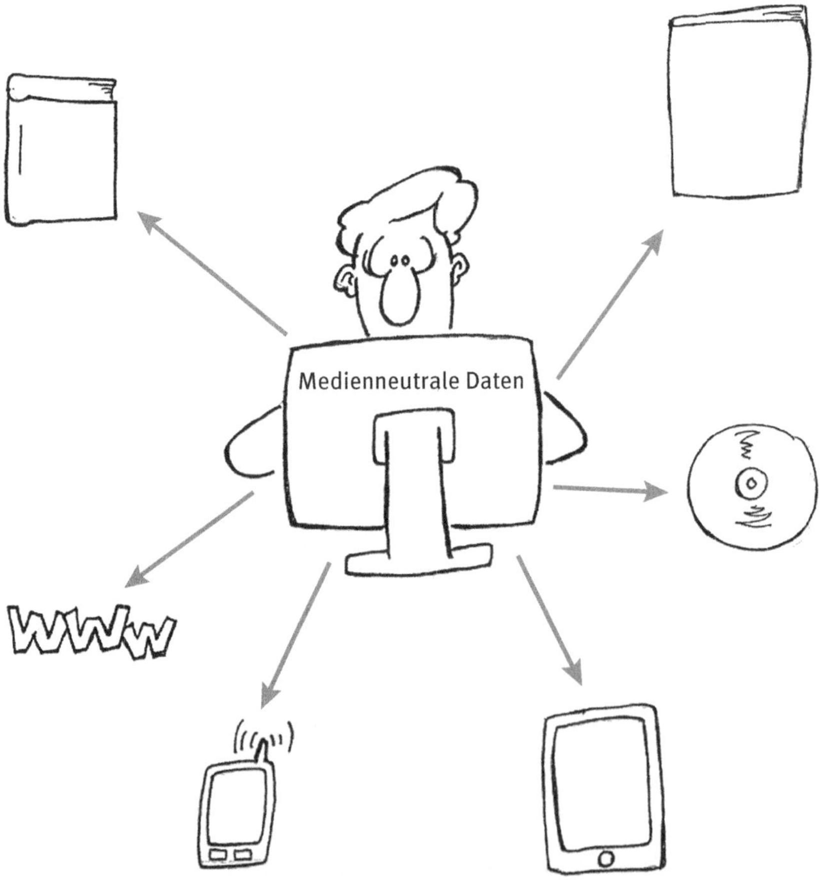

Abb. 22: Die Theorie des Cross Media Publishings: Aus einem medienneutral strukturierten Datenbestand können die unterschiedlichsten Publikationen erstellt werden. Es findet somit keine mehrfache Datenhaltung und -pflege mehr statt. Die Korrekturen werden nicht mehr medienbezogen, sondern im medienneutralen Datenbestand ausgeführt und stehen damit sofort allen Ausgabeformen zur Verfügung

Merke:
Das Ziel beim Einsatz medienneutraler Daten lautet:
Die in einer einzigen Quelle vorliegenden Inhalte sollen mehrfach genutzt und in unterschiedlicher Zusammenstellung über verschiedenste Kanäle zum Kunden gebracht werden können.

Dies bezieht sich nicht nur auf die elektronischen Medien wie E-Books, Apps, online-Angebote oder CD-ROMs, sondern ebenso auf die Zweitverwertung im Printbereich: Aus dem gleichen Datenbestand sollen die Hardcoverausgabe, die Taschenbuchausgabe, Sammelbände oder Studienausgaben hergestellt werden.

Zweitverwertung heißt dabei nicht, dass die Inhalte zwingend unverändert übernommen werden oder dass es sich um eine 1:1-Umsetzung eines Buches handelt. Eine mediengerechte Aufbereitung der Inhalte (des »Contents«) erfordert selbstverständlich eine Anpassung der Daten an die Möglichkeiten des jeweiligen Mediums: Inhalte sollen elektronisch durchsuchbar sein, Verweise als Hyperlinks funktionieren, Grafiken evtl. in Klein- und Großversion verfügbar sein, Anmerkungen in Form von Popups (kleine eigene Bildschirmfenster) dargestellt werden. Ein gedrucktes Register, und mag es noch so aufwändig erstellt sein, wird im elektronischen Medium (mangels Seitenzahlen) ohne Anpassung nicht funktionieren.

3.4 Allgemeine Anforderungen an medienneutrale Daten

Grundvoraussetzung für die Mehrfachverwendung von Daten ist zunächst ein fehlerfreier Datenbestand. Dieser muss in einer Form vorgehalten werden, die für alle gewünschten Publikationsformen als Quelldatenformat dienen kann. Eine zweite, wichtige Anforderung ist daher die Plattformneutralität: die Daten müssen auf allen Computersystemen und in allen notwendigen Software-Systemen konvertierungsfrei verwendbar sein. Das bezieht ausdrücklich auch die Herstellerunabhängigkeit mit ein. Das Format darf nicht an Hard- oder Software eines bestimmten Herstellers gekoppelt sein.

Plattformneutralität

Als letzte Forderung auf der Suche nach einem universellen Kodierungssystem steht die sogenannte Sprachunabhängigkeit. »Sprache« bezieht sich hier auf »Programmiersprache«. Es wird also nach einem Datenformat gesucht, auf das prinzipiell mit beliebigen Programmiersprachen zugegriffen werden kann.

Sprachunabhängigkeit

So hoch diese Anforderungen sind, sie sind nur die notwendige technische Voraussetzung für alle nachfolgenden verlegerischen Aktivitäten. Daten, die überall technisch lesbar sind, sind damit noch nicht automatisch in verschiedenen Medien ausgebbar oder gar sinnvoll recherchierbar. Eine einfache Textdatei wird beispielsweise häufig den Anspruch der Systemunabhängigkeit erfüllen. Aber sie kann nur per einfacher Volltextsuche durchsucht und nur durch aufwändige manuelle Nacharbeit formatiert werden, wenn schon einfachste Gliederungselemente, wie z. B. Überschriften, nicht als solche in den Daten gekennzeichnet sind und damit nicht automatisiert verarbeitet werden können.

Ein Verlag muss also neben der Plattformneutralität noch einen weiteren Anspruch an seine Daten haben, nämlich die Möglichkeit, diese gemäß ihren spezifischen Inhalten und Strukturen automatisiert zu verarbeiten. Das bezieht sich nicht nur auf elektronische Publikationen, sondern ebenso auf den gesamten Bereich der Druckvorstufe, also auch auf das automatisierbare Formatieren der Texte.

4 Daten strukturieren mit Auszeichnungssprachen

4.1 Strukturen statt Formatierungen

Fasst man diese Forderungen zusammen, so ergibt sich daraus eine logische Konsequenz: Der Content, über den der Verlag verfügt, muss in einer Form vorliegen, die als Quelle für alle Ausgabeformen dient. Das kann nicht eine formatierte Satzdatei sein, denn diese ist bereits auf ein Medium, in aller Regel auf das Printmedium hin, optimiert. Statt der Formatierung eines Dokuments ist vielmehr seine Struktur eindeutig zu beschreiben.

Abgrenzung Struktur ‹–› Layout

Der Strukturbegriff wird noch häufiger gebraucht werden. Grenzen wir daher zunächst einmal »Struktur« von »Formatierung« ab. Der wichtigste Unterschied ist, dass die Struktur einem Dokument aus seinem Inhalt heraus innewohnt, während die Formatierung nichts Absolutes ist – eine Überschrift ist und bleibt eine Überschrift (=Struktur), gleichgültig, wie sie typographisch umgesetzt wird (=Format). Allgemein formuliert: Ein Dokument, das eine bestimmte Struktur aufweist, kann auf die unterschiedlichste Weise formatiert werden, ohne dabei die spezifische Struktur zu verlieren. Wenn also ein Text und seine Struktur eindeutig kodiert sind, wird sich daraus eine systematische Formatierung automatisiert herstellen lassen.

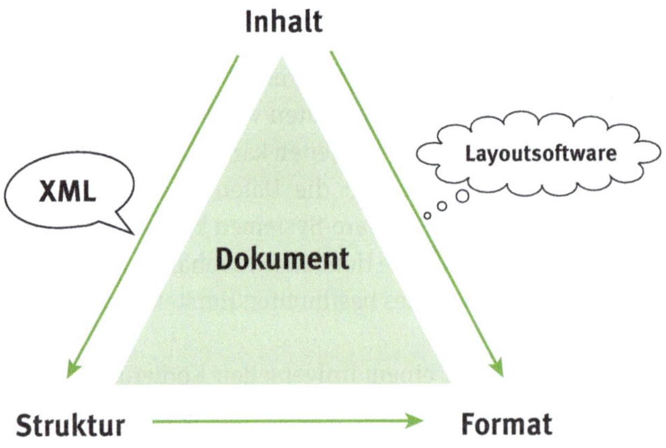

Abb. 23: Das Grundprinzip von medienneutraler Datenhaltung ist die Trennung von Struktur und Layout

Dieser Gedanke ist nicht neu. Schon immer war es die Aufgabe des Schriftsetzers, die Struktur des Textes sichtbar zu machen. Er bedient sich dabei der Möglichkeiten der Typographie. Das heißt: Die Typographie dient dazu, dem Leser die Struktur des Textes (nicht nur seinen Inhalt) verständlich zu machen. Eine Überschrift beispielsweise kennzeichnet den Beginn eines Kapitels. Das ist keine typographische, sondern eine strukturelle Information, die der Autor bereits erdacht hat und die somit untrennbar zum Inhalt gehört. Erst die Umsetzung der Überschrift in fette oder größere Schrift ist Formatierung – diese ist nichts Absolutes, sondern folgt gestalterischen Regeln. Insofern ist es seit jeher Voraussetzung für gute Typographie, dass sich Hersteller/Produktioner und Schriftsetzer mit der Struktur eines Textes genauestens befassen, um sie typographisch umsetzen zu können.

Wie speichert man Textstrukturen ab?

Es gilt nun, neben dem Inhalt auch die Struktur eines Textes in einer objektivierten und für den Rechner lesbaren Form im Dokument abzuspeichern. Der Text wird dadurch automatisiert für jede Form der Weiterverarbeitung verwendbar, und zwar in beliebiger Typographie und für die unterschiedlichsten Ausgabeformen. Damit wird dem Anspruch auf Medienneutralität Rechnung getragen.

Indem die Struktur explizit in den Daten kodiert ist, entfällt die Notwendigkeit, sie immer wieder für die verschiedenen an der Produktion beteiligten Stellen (Lektorat/Redaktion, Herstellung/Produktion, technische Betriebe) erschließen zu müssen. Die Daten sind damit über die reine Volltextsuche hinaus auch durch intelligente Suchanfragen recherchierbar (»zeige mir nur vegetarische Rezepte unter 1000 Kalorien«) und damit deutlich wertvoller. Und vor allem: Der Weg zu kostengünstiger Mehrfachnutzung ist damit frei.

Auch Informationen, die nicht im Printwerk erscheinen sollen, aber für eine elektronische Nutzung relevant sind, müssen in denselben Datenbestand eingepflegt werden: Querverweise, Verschlagwortungen, Geo-Codierung, Videoaufrufe und viele weitere Angaben gehören – je nach Verlagsprogramm und geplanter Zweitverwertung – ebenso in die Daten wie der Text selbst.

Auch darüber hinaus gehören zu einem Text sehr viel mehr Informationen, als zur rein typographischen Umsetzung benötigt werden. Diese Informationen werden gemeinhin als Metadaten bezeichnet. So lassen sich beispielsweise zu einem Bild Informationen über die Bildrechte, zu einem Lexikonartikel Angaben über den Korrekturstatus, zu einem ganzen Buch bibliographische Hinweise als Metadaten anlegen.

4.2 Systematische Auszeichnung: Die »Markup Language«

Die Verlagsinhalte sollen also in einem Datenformat vorliegen, das es erlaubt, neben den eigentlichen Inhalten (der »geistigen Substanz«, also dem, was der Autor verfasst hat) auch die Struktur der Texte und die weiteren Informationen explizit darzustellen. Da die Strukturen so unterschiedlich sein können wie die Inhalte selbst, kann es natürlich auch nicht die Universalstruktur für alle Texte geben. Wir brauchen also eine Sprache (Language), in der wir die Texte mit Markierungen (Markup) für die Struktur und die übrigen o. g. Informationen anreichern können – eine *Markup Language* also.

Markup Language = Auszeichnungssprache

Der erste Standard, der hierfür entwickelt wurde, war 1986 SGML, die Standard Generalized Markup Language (»Normierte Standard-Auszeichnungssprache«), festgelegt in der ISO-Norm 8879. Sowohl die heute gebräuchliche Form XML als auch die »Internet-Sprache« HTML leiten sich von SGML ab.

4.2.1 SGML – die Standard Generalized Markup Language

SGML selbst ist dabei im eigentlichen Sinne gar keine Auszeichnungssprache, d. h. es gibt keine festgelegten Auszeichnungen für bestimmte Textelemente. SGML legt lediglich die Syntax fest, in der Dokumentstrukturen unterschiedlichster Art präzise beschrieben werden können. Das ist ein sehr abstrakter Zugang. Am Beispiel verdeutlicht heißt das: SGML legt nicht fest, mit welchem Befehl eine Überschrift als solche ausgezeichnet werden soll, sondern lediglich, wie ein solcher Befehl aufgebaut sein muss. Kennt man die Syntax (also die Schreibweise und den Aufbau) dieser Befehle, lassen sich damit beliebige Strukturen abbilden.

Jede beliebige Art von Dokument kann deshalb entsprechend ihrer ganz speziellen Eigenarten nach Inhalt und Struktur ausgezeichnet werden, indem der SGML-Nutzer selbst festlegt, welche Teile des Dokumentes er auszeichnen und welche Bezeichnungen er für diese Dokumentteile verwenden möchte. Mit diesem Anspruch sind die Entwickler von SGML allerdings etwas »über das Ziel hinausgeschossen«: SGML lässt dem Nutzer so viele Freiheiten und bietet so komplexe Konstruktionen an, dass es fast unmöglich ist, Software zu programmieren, die den Standard voll umsetzt. Daher hat sich SGML nur begrenzt durchsetzen können – der vereinfachte Standard XML (siehe unten) trat zehn Jahre später den Siegeszug an.

4.2.2 HTML – die Hypertext Markup Language

In einer Anwendung fand SGML allerdings weite Verbreitung: In HTML, der »Hypertext Markup Language«, die heute weltweit als Seitenbeschreibungssprache für Internet-Dokumente verwendet wird. Sie wurde 1989 von Tim Berners-Lee am CERN als SGML-Anwendung entwickelt und wird seit 1994 vom World Wide Web Consortium (W3C), das von Berners-Lee zu diesem Zweck gegründet wurde, weiterentwickelt. Das HTML der ersten Generation war eine konkrete, sehr einfache Anwendung von SGML. Im Unterschied zu SGML handelte es sich dabei um eine konkrete Auszeichnungssprache, d. h. sie bestand aus einem festen, begrenzten Fundus an Auszeichnungsbefehlen. Die festgelegten Auszeichnungen dienten einzig dem Zweck, Text und Grafiken auf dem Browser-Bildschirm zu formatieren bzw. zu positionieren und Webseiten mit Links zu verbinden.

XHTML

Nachdem HTML eine unvergleichliche Karriere durchlaufen hatte und von zahlreichen kommerziellen Interessen codeseitig immer stärker aufgeweicht wurde, wurde im Januar 2000 ein XML-basierter, neuer HTML-Standard definiert und unter dem Begriff XHTML vom W3C veröffentlicht.

XHTML ist also die »XML-Version« von HTML. Die wichtigsten Unterschiede zum »alten« HTML sind die verpflichtende Wohlgeformtheit und die Standardcodierung Unicode anstelle von ASCII. XHTML gibt es in zwei Ausprägungen: als »XHTML transitional« und »XHTML strict«, die sich hinsichtlich der Fehlertoleranz und auch hinsichtlich der Unterstützung von Barrierefreiheit (der Zugänglichkeit von Webseiten für Menschen mit Sehbehinderungen) unterscheiden. XHTML strict ist der »strengste« und somit »sicherste« Code, der derzeit im WWW möglich ist. Solange aus technischen Gründen nichts dagegen spricht, sollte ein Verlag versuchen, diesen strengen Standard, der von allen Browsern unterstützt wird, einzuhalten.

Für 2014 ist die offizielle Verabschiedung des neuen Standards HTML 5 geplant. HTML 5 führt u. a. eine Reihe neuer Elemente ein, sowohl um den Seitenaufbau besser steuern zu können als auch für multimediale Elemente und vieles mehr.

4.2.3 XML – die Extensible Markup Language

1998 definierte das W3C mit der eXtensible Markup Language (XML) eine neue Auszeichnungssprache, die die Vorteile von SGML mitbrachte, aber fast so einfach wie HTML war.

XML ist eine Metasprache

XML ist wie SGML keine festgelegte Sprache aus einem festen Set von Bestandteilen, sondern eine (Meta-)Sprache zur präzisen Beschreibung von Dokumentstrukturen mittels frei festlegbarer Elemente. Sie ist also im Gegensatz zum ganz und gar vordefinierten HTML erweiterbar (daher das extensible). Andererseits sind bei XML viele Merkmale, die bei SGML frei bestimmbar waren, festgelegt: Während der offizielle SGML-Standard über 500 Seiten umfasst, kommt die Druckfassung des XML-Standards mit 26 Seiten aus.

Auch der HTML-Standard wurde dem neuen Code angepasst und von SGML auf XML umgestellt: Mit XHTML wurde ein XML-basierter Webstandard geschaffen, der nun in HTML5 seine Fortsetzung findet und an vielen Stellen das, was wir heute unter dem »Web2.0« verstehen, technisch überhaupt erst möglich macht. Dazu zählen Vorgaben für barrierefreie Webseiten (für Menschen mit Sehbehinderungen) ebenso wie Unterstützung von Interaktion, Generier- bzw. Befüllbarkeit von Webseiten durch sogenannte Content Management Systeme und vieles andere mehr.

Ob technische Dokumentation, Industriekommunikation, Finanzwesen oder das mobile Internet: Es gibt kaum einen IT-Bereich, in dem XML nicht zur führenden Technologie für den Austausch von Daten avancierte.

Auch die Verlagsbranche hat den Standard für sich entdeckt. Immer, wenn ein Verlag crossmedial publizieren will, kommt XML zum Einsatz. Dabei ist es gleichgültig, ob ein EPUB, ein Online-Auftritt oder eine App erstellt werden soll oder Satzarbeiten automatisiert werden: Immer ist XML die Technologie, auf der alle weiteren Arbeitsschritte aufsetzen.

4.3 XML – eine Auszeichnungssprache

Die extensible Markup Language – zu Deutsch Erweiterbare Auszeichnungssprache – ist also eine Sprache, die der Auszeichnung dient und erweitert werden kann. Was genau bedeutet diese Bezeichnung?

»Auszeichnung« meint hier, was die Verlagsbranche im Zusammenhang mit der Manuskriptarbeit schon immer unter diesem Begriff verstand, nämlich die Kennzeichnung und Hervorhebung von Wörtern oder Textabschnitten im Manuskript. Traditionell können Textelemente auf ganz unterschiedliche Weise markiert werden, z. B. mit Farbstiften, Unterstreichungen u. ä. Da XML eine Auszeichnungssprache ist, werden mit ihr die Auszeichnungen in den Daten, und zwar in Textform, vorgenommen. »Erweiterbarkeit« bedeutet, dass der Anwender nicht auf ein vorgegebenes Muster von Auszeichnungen beschränkt ist, sondern die Auszeichnungen selbst festlegen kann.

XML ist also im weitesten Sinne ein textbasiertes Datenformat, in dem Texte, Grafiken usw. wiederum mit Text beschrieben werden. Um Texte als Inhalt selbst und Texte als Auszeichnungen (Markup) unterscheiden zu können, wird der Auszeichnungstext bei XML mit spitzen Klammern umgeben. Diese Klammern mit dem darin stehenden Text nennt man Tags.

Tags vs. Elemente

Ein XML-Element ist alles vom Element-Start-Tag bis zum Ende-Tag, jeweils inklusive.

Element

```
<name>Leonardo da Vinci</name>
```

Start-Tag Ende-Tag

Element und Tag sind also nicht dasselbe, obwohl sie umgangssprachlich häufig so verwendet werden
Ein Element kann enthalten:

- Andere Elemente
- Text
- Attribute (siehe S. 35), Processing Instructions, Kommentare
- Eine Mischung aus all dem.

Ein Element zu verarbeiten ist also etwas grundsätzlich anderes, als ein Tag zu verarbeiten.

4.3.1 Erste XML-Dateien erstellen

Das Rezept, das wir auf den Seiten 23 und 24 in Word und InDesign betrachtet haben, könnte in XML etwa so aussehen:

Beispiel:

```
<ueberschrift2>Zutaten:</ueberschrift2>
<absatz>1 frisches Huhn</absatz>
```

Vergleichbar – nur mit anderen, international festgelegten Tag-Namen, sieht die entsprechende Passage in HTML aus:

```
<h2>Zutaten</h2>
<p>1 frisches Huhn</p>
```

Datenelemente vs. Containerelemente

In der XML-Terminologie nennt man ein Paar von Anfang- und Endetags mit allem, was dazwischen steht, ein Element. Ein Element, das ausschließlich Text beinhaltet, wird als Datenelement bezeichnet. Doch es gibt auch andere Elementarten, beispielsweise solche, die keinen Text, sondern nur weitere Elemente enthalten. Solche Elemente werden Containerelemente genannt. Sie beschreiben maßgeblich den hierarchischen Aufbau eines Dokuments.

Beispiel:

```
<kochbuch>
  <vorwort>
    <ueberschrift>Überschrift des Vorworts</ueberschrift>
    <absatz>Das ist der Text des 1. Absatzes.</absatz>
    <absatz>Das ist der Text des 2. Absatzes.</absatz>
  </vorwort>
  <kapitel>
    <ueberschrift1>Huhn mit Rosmarinkartoffeln
    </ueberschrift>
    <ueberschrift2>Zutaten:</ueberschrift2>
    <absatz>1 frisches Huhn</absatz>
    (...)
    <ueberschrift1>Selleriesuppe</ueberschrift>
    <ueberschrift2>Zutaten:</ueberschrift2>
    <absatz>1 Bund Sellerie</absatz>
    (...)
  </kapitel>
  (...)
</kochbuch>
```

In diesem Beispiel sind <kochbuch>, <vorwort> und <kapitel> Containerelemente, <überschrift1>, <ueberschrift2> und <absatz> Datenelemente. Durch die hierarchische Schachtelung der Elemente wird eine Baumstruktur abgebildet, die der eines Stammbaums enspricht. Auch die Terminologie folgt hier der eines Stammbaumes: In unserem Beispiel ist <kochbuch> das sogenannte Elternelement von <vorwort> und <kapitel>, diese wiederum sind jeweils Elternelemente von <ueberschrift1>, <ueberschrift2> und <absatz>, die zueinander Geschwisterelemente sind. Auf die Navigation in XML-Dokumenten anhand eben dieser Abhängigkeiten wird im Kapitel über XPath ausführlich eingegangen. Doch schon jetzt lässt sich erkennen, dass leicht Regeln zu formulieren sind wie die folgenden:

- Ein Absatz innerhalb des Vorworts soll anders formatiert werden als ein Absatz innerhalb eines Kapitels.
- Der erste Absatz nach einer Überschrift soll anders formatiert werden als die anderen Absätze.
- Zeige mir (bei einer Textsuche) nur Fundstellen, die innerhalb eines Kapitels, nicht aber solche, die im Vorspann stehen.

Die Struktur im Text explizit codiert zu haben, leistet also weit mehr, als die Typographie zu automatisieren. Bildet man die gesamte Struktur eines Textes in XML ab, so ist der Text für alle Zweitverwertungen vorbereitet.

Automatische Formatierung

Die Tags sind im späteren Satzbild nicht mehr zu sehen, denn sie werden nur für die Verarbeitung der Daten, z. B. zur Formatierung, benötigt. Hierzu findet eine Zuordnung von Tags zu Formatierungen statt. Eine solche Zuordnung könnte in etwa lauten: »Das Element `<ueberschrift1>` soll als Absatzformat umgesetzt werden, in 14pt Schriftgröße, mit zwei Leerzeilen davor und einer Leerzeile danach«. Eine Sammlung solcher Zuordnungen wird – je nach Programm – häufig als Template oder als Stylesheet bezeichnet. Auch die gängigen Layoutprogramme wie z. B. Adobe InDesign lassen sich über solche Templates steuern.

4.3.2 Exkurs: Standard-Entities in XML

Im Kapitel über Unicode haben wir ein Zeichencodierungsverfahren kennengelernt, das plattformneutral ist, ohne die »Sonderzeichen« als Entities codieren zu müssen. Das heißt jedoch nicht, dass es in XML keine Entities gäbe: Zum einen ist es jederzeit möglich, eigene Sonderzeichen (über Entities) zu definieren, die nicht Bestandteil von Unicode sind. Zum anderen gibt es innerhalb von XML fünf Standard-Entities, die immer gültig sind. Möchte man nämlich z. B. ein »kleiner-als«-Zeichen (»<«) am Bildschirm sichtbar machen, so kann man nicht einfach ein »<«-Zeichen in die XML-Daten schreiben: Der Prozessor würde dieses als Beginn eines Tags interpretieren und einen Verstoß gegen die Regeln der Wohlgeformtheit melden.

Um dies zu vermeiden, müssen bestimmte Zeichen, die in XML als Steuerzeichen verwendet werden, codiert werden, wenn sie am Bildschirm / im Ausdruck dargestellt werden sollen.

Diese lauten:

Die fünf Standard-Entities in XML

Standard-Entity	Bedeutung	Zeichenentsprechung
<	»less than«	<
>	»greater than«	>
&	»ampersand«	&
"	»quotation«	"
'	»apostrophe«	'

4.3.3 Hierarchien in XML

Dabei spielt die korrekte Abbildung der Hierarchie eine maßgebliche Rolle für die automatisierte Verwertbarkeit. In unserem Beispiel fällt auf, dass <ueberschrift1> und <ueberschrift2> auf der selben hierarchischen Ebene stehen, also »Geschwisterelemente« sind. Das kann noch nicht stimmen – gibt doch schon die Ziffer im Überschriften-Tag einen Hinweis auf eine unterschiedliche hierarchische Wertigkeit.

Ein Blick auf den Kontext zeigt, dass die Einheit, die von der <ueberschrift1> eingeleitet wird, ein Rezept ist, während die <ueberschrift2> die nachfolgenden Zutaten zusammenfasst. Für die Printfassung ist diese Erkenntnis nicht von großer Bedeutung – wird doch über die unterschiedliche Typographie dem Leser eindeutig vermittelt, dass ein neues Rezept beginnt. Ganz anders sieht dies in der Welt des elektronischen Publizierens aus. Dem Rechner fehlt das »Welt-Wissen«, um von sich aus ein Rezept als solches erkennen zu können. Entsprechend kann er auch die Einheit »Rezept« nicht als Ergebnis einer Suchanfrage ausgeben (aber genau das soll ja erreicht werden) – jedenfalls nicht, solange diese Einheit in den Daten nicht eindeutig markiert ist.

Fügen wir unserem Kochbuch also noch einige weitere Elemente hinzu, die die Hierarchie des Werkes abbilden sollen:

Beispiel:

```
<kochbuch>
  <vorwort>
    <ueberschrift>Überschrift des Vorworts</ueberschrift>
    <absatz>Das ist der Text des 1. Absatzes.</absatz>
    <absatz>Das ist der Text des 2. Absatzes.</absatz>
  </vorwort>
  <kapitel>
    <rezept>
      <ueberschrift1>Huhn mit Rosmarinkartoffeln
      </ueberschrift1>
      <zutaten>
        <ueberschrift2>Zutaten:</ueberschrift2>
        <absatz>1 frisches Huhn</absatz>
      </zutaten>
      (...)
    </rezept>
    <rezept>
      <ueberschrift1>Selleriesuppe</ueberschrift1>
      <zutaten>
        <ueberschrift2>Zutaten:</ueberschrift2>
        <absatz>1 Bund Sellerie</absatz>
      </zutaten>
      (...)
    </rezept>
  </kapitel>
  (...)
</kochbuch>
```

4.3.4 Leere Elemente

Grafikaufrufe

Schwieriger als die Darstellung von Texten ist die Wiedergabe von Grafiken in XML. Sie werden nicht direkt in XML gespeichert, sondern verbleiben in den gängigen Grafikformaten. In der XML-Datei steht dann nicht der Quellcode der Grafik (der für den Menschen nicht lesbar wäre), sondern lediglich ein Grafikaufruf. Dieser gibt an, welche Grafik an der entsprechenden Stelle eingefügt werden soll, wenn das XML-Dokument (auch XML-Instanz genannt) gesetzt oder z. B. in eine Internet-Seite umgesetzt werden soll, und wo auf dem Rechner oder im Internet die Grafik zu finden ist.

Beispiel:

```
<bildaufruf datei="c:\abbildungen\grafik.gif"/>
```

In XHTML sähe derselbe Bildaufruf folgendermaßen aus:

```
<img src="c:\abbildungen\grafiken.gif"/>
```

Es fällt auf, dass das Element `<bildaufruf>` bzw. `<img>` kein Ende-Tag hat, sondern stattdessen einen Schrägstrich vor der schließenden Spitzklammer enthält. Ein solches Element heißt *leeres Element*. Es umschließt keinen Text, es markiert lediglich einen Ort in der Datei, in diesem Beispiel der Ort, an dem die Grafik eingebaut werden soll. Ein anderes Beispiel für leere Elemente wäre ein Zeilenwechsel, der in XHTML etwa mit `<br/>` codiert wird.

4.3.5 Attribute in XML

In dem Tag für den Grafikaufruf finden wir noch eine weitere unbekannte Syntax, die die Angaben für den Speicherort der Grafikdatei enthält. Solche Zusatzangaben nennt man *Attribute*. Attribute befinden sich immer innerhalb des Start-Tags und weisen die Form `attributname="attributwert"` auf. Sie können für unterschiedlichste Dinge dienen; häufig sind es Metadaten, also weiterführende Angaben, die nicht im Druck erscheinen, die Daten jedoch besser erschließen:

Beispiel:

```
Der Text
<absatz>Der Löwe frisst die Gazelle.</absatz>
```

ließe sich beispielsweise zunächst mit weiteren Elementen näher erschließen:

```
<absatz>Der <tier>Löwe</tier>frisst die <tier>Gazelle</tier>.
</absatz>.
```

Schon hier wird deutlich, dass das Einbringen von Elementen (hier: `<tier>`) nicht nur der typographischen Weiterverarbeitung der Texte dient, sondern vielmehr allgemein zu deren Erschließung. Diese lässt sich nun beliebig erweitern:

```
<absatz>Der <tier typ="fleischfresser">Löwe</tier> frisst die
<tier typ="pflanzenfresser">Gazelle</tier>.</absatz>.
```

Dabei ist die Verwendung von Attributen nicht auf ein Attribut pro Element beschränkt:

```
<absatz>Der <tier typ="fleischfresser" vorkommen="afrika"
jäger="ja">Löwe</tier>frisst die <tier typ="pflanzenfresser"
vorkommen="afrika" jäger="nein" beutetier="ja">Gazelle
</tier>.</absatz>
```

Das Einbringen eines solch differenzierten Markups ist mit hohem redaktionellem Aufwand verbunden. Daher ist es eine der wichtigsten Aufgaben bei der Einführung von XML im Verlag festzulegen, welche Elemente und welche Attribute in den jeweiligen Werken von Interesse sind. Zwischen Minimal- und Maximal-Markup abzuwägen und Entscheidungen zu treffen, verlangt einen Kompromiss zwischen den Wünschen des Lektors/Redakteurs und dem produktionsbedingten Pragmatismus des Hersteller/Produktioners. Ziel muss es sein, für alle Medien gerüstet zu sein.

Eine weitere typische Anwendung von Attributen ist die Abbildung von Verweisen.

Beispiel:

```
<absatz>Im <verweis ziel="abschnitt5">fünften Abschnitt
</verweis> finden Sie mehr zu diesem Thema.</absatz>
```

Das `<verweis>`-Element umschließt in diesem Beispiel den Verweistext, also den Textteil, der zum Beispiel später im Browser blau und unterstrichen dargestellt werden soll. Das `ziel`-Attribut gibt dabei genau an, auf welchen Textteil verwiesen wird.

Damit aus dieser Konstruktion ein funktionierender Verweis wird, braucht es noch ein für den Rechner eindeutig codiertes Sprungziel. Konkret heißt das, dem Zielabschnitt wird die Information beigegeben, dass es sich um den `abschnitt5` handelt. Auch dies geschieht mittels eines Attributes.

```
<abschnitt name="abschnitt5">Das ist der fünfte Abschnitt
</abschnitt>.
```

Auch für dieses Beispiel finden wir die Analogie im Web, also in XHTML:

```
<p> Klicken Sie <a href="sprungziel1"/>hier</a> </p>
(...)
<p id="sprungziel1">Hier steht das Sprungziel</p>
```

So kann für das Verarbeitungssystem unmissverständlich angegeben werden, wohin der Verweis führt, ohne dass der eigentliche freisprachliche Inhalts-Text sich dieser technischen Notwendigkeit unterordnen muss. Denn der freisprachliche Verweistext »Im fünften Abschnitt« bzw. das Wort »hier« ist für den Rechner nicht eindeutig und damit nicht ausreichend. Da Computer – anders als wir Menschen – nicht sinnverstehend lesen können, brauchen sie bei Verweisen ganz eindeutige Angaben.

Ein Browser würde in unserem XHTML-Beispiel die Tags nicht ausgeben, sondern den Text zwischen `<a href="...">` und `</a>` farbig und unterstrichen als Link kennzeichnen. Beim Mausklick auf diesen Link würde der Absatz mit der ID `sprungziel1` angezeigt. Bei der Printausgabe hingegen könnte ein geeignetes XML-Satzsystem einen Verweis auf die Seitenzahl einfügen, auf der der Abschnitt mit dem versteckten Namen `abschnitt5` zu stehen kommt.

4.4 Die Wohlgeformtheit

Auf den vergangenen Seiten haben wir eine ganze Reihe von Regeln kennengelernt, die eine XML-Datei erst zur XML-Datei machen: So müssen beispielsweise die Tags immer paarig auftreten, solange es sich nicht um ein leeres Element handelt. Weiterhin dürfen Elemente hierarchisch geschachtelt werden, einander aber nicht überlappen. Auch für die Abbildung von Attributen gibt es bestimmte Syntaxregeln.

Alle diese Regeln sind präzise definiert. Zusammen definieren sie die sogenannte »Wohlgeformtheit« von XML-Dokumenten. Nur ein wohlgeformtes (»well formed«) XML ist überhaupt XML gemäß dem W3C-Standard. Die Wohlgeformtheit von Dokumenten ist die zwingende Voraussetzung für ihre Verarbeitbarkeit in XML-Workflows. Sie ist insbesondere wichtig, damit der Rechner die hierarchischen (Baum-)Strukturen eines XML-Dokuments erkennen und auswerten kann.

Merke

Die wichtigsten Regeln der Wohlgeformtheit von XML-Dokumenten

1. Es gibt genau ein Wurzelelement
2. Alle Elemente, die nicht leer sind, müssen mit Start- und Endetag gekennzeichnet sein. (`<abc>...</abc>`)
3. Leere Elemente enden mit einem Slash (<.../>)
4. Streng hierarchische Anordnung der Elemente, keine Überlappungen
5. Attributwerte müssen in Anführungszeichen stehen
6. Attribute dürfen nur in Start-Tags (oder in leeren Elementen) stehen, niemals in Ende-Tags
7. Ein Attribut darf nicht zweimal in ein und demselben Element auftreten
8. Alle verwendeten Entities (außer den XML-Standard-Entities) müssen in der DTD/XSD (siehe Kap. 4.8) oder am Anfang der XML-Instanz deklariert sein.

Das Wurzelelement

Als »Wurzelelement« bezeichnet man das Element, das das gesamte XML-Dokument umschließt. Ein solches muss es immer geben und es darf (in dieser Funktion) nur einmal vorkommen. Ist das Wurzelelement einer XML-Datei beispielsweise `<kapitel> (...) </kapitel>` und es soll noch ein weiteres `<kapitel>` hinter das erste gehängt werden, so muss ein neues Wurzelelement (z. B. `<buch>`) um die beiden `<kapitel>`-Elemente gelegt werden. Sollen anschließend mehrere mit <buch> umschlossene Bücher gemeinsam in einer Datei verarbeitet werden, benötigen auch diese wieder ein neues Wurzelelement, z. B. `<buchsammlung>`.

Toplevel-Elemente

Die direkten Kindelemente (d. h. Unterelemente) des Wurzelelements werden auch als »Toplevel-Elemente« bezeichnet.

4.5 Die Baumstruktur in XML-Dokumenten

Fasst man alle hierarchischen Strukturen in einem XML-Dokument zusammen, so ergeben sich interessante Abhängigkeiten: Ausgehend vom Wurzelelement lässt sich ein XML-Dokument immer in einer Baumstruktur darstellen. Dass dies immer möglich ist, dafür sorgen die Regeln der Wohlgeformtheit, die u. a. festlegen, dass es keine überlappenden Elemente geben darf, sondern nur hierarchische Abhängigkeiten. Daraus ergibt sich die Baumstruktur zwangsläufig.

```
<buch>
  <meta>
    <autor>...</autor>
    <titel>...</titel>
    <isbn>...</isbn>
  </meta>
  <inhalt>
    <kapitel>
      <u1>...</u1>
      <abs>...</abs>
      <abs>...</abs>
    </kapitel>
    <kapitel>
      (...)
    </kapitel>
  </inhalt>
</buch>
```

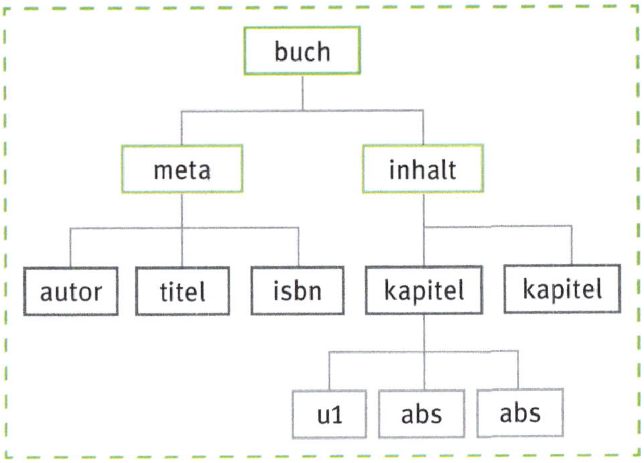

Abb. 24: Das Prinzip der Baumstruktur in einem XML-Dokument

Diese Baumstruktur ist dabei nicht auf ein einzelnes Buch beschränkt: Mehrere Bücher gleichen Aufbaus lassen sich zu einem XML-Baum zusammenfügen, der eine ganze Buchreihe abbildet, alle Bücher eines Verlages zum gesamten Verlagsprogramm, das am Stück ausgewertet und verarbeitet werden kann.

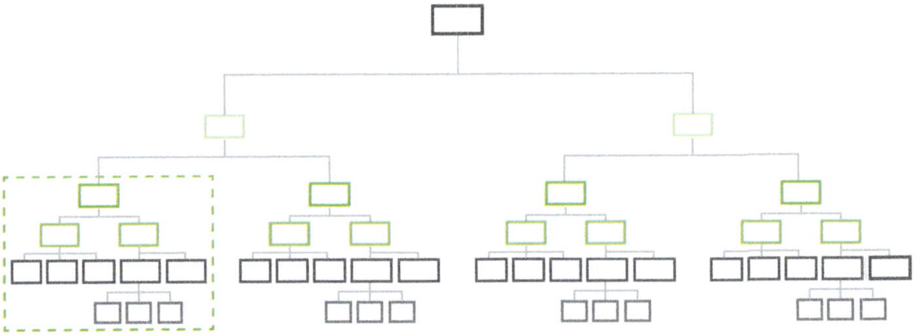

Abb. 25: Mehrere XML-Dokumente zusammen ergeben eine neue Baumstruktur

Um das zu erreichen, ist die Verwendung einheitlicher Elementnamen für die verschiedenen Werke natürlich Voraussetzung.

4.6 XML – ein freies Format

Doch wer legt fest, welche Tags in den Daten verwendet werden dürfen? Im XML-Standard findet sich dazu nichts, und das hat System: Es ist dem Nutzer von XML völlig freigestellt, wie er Elemente benennt und verschachtelt, welche Attribute er verwendet und wie er diese Daten auswertet. Es liegt also beim Verlag, sich sprechende und für seine Anforderungen sinnvolle Struktureinheiten zu wählen. Diese werden in einer eigenen Grammatik (DTD oder XML-Schema, vgl. Kap. 4.8) abgelegt.

XML selbst definiert also lediglich, in welcher Form die Auszeichnungen gesetzt werden müssen. Genau betrachtet ist XML wie SGML keine Sprache, sondern definiert eine Syntax, mit der man beliebige Grammatiken entwerfen kann. Für die Grammatik ist dann der Anwender selbst zuständig – er kann sich auf diese Weise ein Regelwerk schaffen, das seine Inhalte sehr präzise abbildet – oder sich an einen der offenen Standards halten.

Das ist im Wesentlichen schon die Kernaussage von XML: Texte und andere Inhalte werden mit frei gewählten Tags und Attributen präzise beschrieben.

Welche grundlegenden Vorteile stecken nun hinter diesem so einfachen Prinzip? Gerade die Einfachheit hat ihre besonderen Vorteile. Ein kompaktes Set von einfachen Regeln vereinheitlicht die Beschreibung von Inhalten durch Tags extrem, ohne sie dabei einzuengen. Da XML vom World Wide Web Consortium (W3C) definiert wurde, sind in den Standard die Vorstellungen international maßgeblicher Forschungseinrichtungen und Industriekonzerne eingeflossen. XML ist deshalb schnell als ein universeller Standard akzeptiert worden.

Die grundlegenden XML-Regeln sind so gestaltet, dass XML-Daten für die computergestützte Verarbeitung besonders gut geeignet sind. Dabei ist XML ein Standard, der auf den kleinsten gemeinsamen Nenner aller Computersysteme aufsetzt: auf Textdaten ohne jede Formatierung. Eine XML-Datei kann daher von allen gängigen Computersystemen der Welt gelesen und verarbeitet werden. Das ist mit herstellergebundenen Formaten wie z. B. Microsoft Word oder Quark Xpress nicht möglich. Wenn bei diesen das richtige Betriebssystem und die richtige Software-Version fehlen, können die Dateien nicht verarbeitet werden. XML ist dagegen plattformneutral und herstellerunabhängig. Das ist für einen Verlag von großem Vorteil, da damit gewährleistet ist, dass die Inhalte (das eigentliche Kapital der Verlage) langfristig elektronisch verfügbar sind.

4.7 Semantisches Markup – die Dinge beim Namen nennen

Aber XML hat noch eine weitere Dimension. An den genannten Beispielen wurde schon deutlich, dass Inhalte mit XML sprachlich explizit gekennzeichnet werden können: ein Rezept kann in `<rezept>`-Tags gestellt werden. Die Art des Inhalts wird also »sprechend« beschrieben. Diese Art der Auszeichnung nennt man semantische Auszeichnung. Sie bringt erhebliche Vorteile mit sich.

Semantische Auszeichnung = inhaltsbezogene Auszeichnung

Semantische Auszeichnungen sind aussagekräftiger als beispielsweise typographische, da in ihnen selbsterklärende und eindeutige Informationen abgelegt werden können. So ermöglichen semantische Auszeichnungen eine inhaltsorientierte Auswertung der Daten, die weit mehr leistet als eine reine Volltextsuche.

Ein Beispiel:

Die Volltextsuche nach einer Person mit dem Nachnamen »Bauer« wird auch den Beruf »Bauer« auswerfen, sofern dieser im Text vorkommt. Jeder, der schon einmal mit Google oder einer ähnlichen Suchmaschine nach allgemeinen Begriffen gesucht hat und von dem Überangebot an Fundstellen erschlagen wurde, kennt dieses Phänomen: Volltextsuche ist Verzweiflungssuche! Sie ist in aller Regel nicht präzise genug. Bei einer Suche in einem qualifizierten XML-Datenbestand kann – ähnlich einer Suche in Datenbankfeldern – präzisiert werden, in welchem Element der gesuchte Text stehen soll: Die Zeichenfolge `Bauer` etwa soll also nur angezeigt werden, wenn sie im Element `<personenname>` auftaucht. Die solcherart generierten Treffer sind viel präziser und damit für den Anwender wertvoller. Durch den hierarchischen Aufbau eines XML-Dokuments kann die Suche beliebig verfeinert werden.

Recherchierbarkeit von Verlagsinhalten

Elektronische Medien leben zu einem guten Teil von der schnellen und präzisen Recherchierbarkeit. Für fast jeden Verlagsinhalt lassen sich sinnvolle Suchanfragen definieren, die nur über gut aufbereitete Daten ermöglicht werden:

»Zeige den Namen ›Bauer‹ nur in Zitaten aus dem Mittelalter«

»Zeige nur vegetarische Rezepte unter 1000 Kalorien«

»Zeige nur kinderfreundliche Wanderrouten mit Einkehrmöglichkeit«

Eine Aufbereitung der Daten, die eine solche differenzierte Suche erlaubt, ist natürlich aufwändig – doch sie ist die beste Abgrenzung zu den kostenlosen Angeboten im Internet, wo in aller Regel diese Differenzierung nicht geleistet wird oder werden kann. Hier haben die Verlage also eine echte Chance, sich durch Premium-Content von den kostenlosen Angeboten im Internet abzugrenzen.

Verändern bzw. erweitern wir also das Tagging unseres Kochbuches ein weiteres Mal – dieses Mal um semantische Auszeichnungen und Attribute:

Beispiel:

```
<kochbuch>
   <vorwort>
      (...)
   </vorwort>
   <kapitel>
      <rezept typ="fleischrezept" aufwand="mittel"
      kalorien="1200" kategorie="hauptgericht">
         <ueberschrift1>Huhn mit Rosmarinkartoffeln</
         ueberschrift1>
         <zutaten>
            <z-angabe>
               <menge>1</menge>
               <zutat>frisches Huhn</zutat>
            </z-angabe>
         </zutaten>
      </rezept>
      <rezept typ="vegetarisch" aufwand="niedrig"
      kalorien="350" kategorie="vorspeise">
         <ueberschrift1>Selleriesuppe</ueberschrift1>
         <zutaten>
            <z-angabe>
               <menge>1</menge>
               <masseinheit>Bund</masseinheit>
               <zutat>Sellerie</zutat>
            </z-angabe>
         </zutaten>
         (...)
```

```
      </rezept>
   </kapitel>
   (...)
</kochbuch>
```

Die Daten haben nun bereits einen sehr hohen Grad an Auszeichnung erreicht, aus der sich viele verschiedene Produkte ableiten bzw. Fragestellungen an den Text beantworten lassen. Gleichzeitig ist diese Auszeichnung aber mit einem hohen Aufwand verbunden – denn irgend jemand muss die Informationen ja in den Content einpflegen. Oft hört man in diesem Zusammenhang das Argument, eine (sehr viel weniger aufwändige) typographische Auszeichnung der Texte reiche aus, da sie ebenfalls den Inhalt gemäß seiner Bedeutung kennzeichnet. Doch ist diese im Gegensatz zur semantischen Auszeichnung auf wenige Fälle beschränkt. Bei komplexen Inhalten müssen unterschiedliche Inhalte oft typografisch gleich dargestellt werden (z. B. Kursivstellung für Orts- und für Personennamen). Der Informationsgehalt typografischer Auszeichnungen ist dann nicht eindeutig und fast immer interpretationsbedürftig.

Merke
Aus semantisch gut strukturierten Texten kann man fast immer eine typographische Umsetzung automatisiert ableiten, umgekehrt gilt das nicht. Damit ist die semantische Auszeichnung die höherwertige – immer mehr Verlage gehen dazu über, ihre Daten so aufzubereiten.

Es ist eine große Herausforderung bei der Einführung von XML im Verlag, festzulegen, in welcher Auszeichnungstiefe die Daten ausgezeichnet werden sollen. Hier gilt es, zwischen Aufwand und Nutzen genau abzuwägen und vor allem bereits eine Vorstellung davon zu entwickeln, welche zukünftigen Produkte aus dem Datenbestand abgeleitet werden können sollen.

4.8 XML – Ein Regelwerk zum Selbermachen

Um XML im Verlag sinnvoll einzusetzen, bedarf es noch eines weiteren Bausteins.

Es ist für den Verlag von außerordentlicher Wichtigkeit, dass die Daten nicht nur medienneutral, sondern auch einheitlich codiert sind. Nur wenn alle Rezepte eines Kochbuch-Verlages mit denselben Tags ausgezeichnet worden sind, lassen sie sich auch gemeinsam durchsuchen. Es bedarf also noch eines Regelwerks, das die Verwendung bestimmter Element- und Attributnamen, ihr zulässiges Vorkommen etc. in einem bestimmten XML-Dokument regelt.

Die Grammatik

Ein solches Regelwerk ist in XML standardmäßig vorgesehen. Es handelt sich dabei um eine eigene Datei, in der die Regeln (die »Grammatik«) niedergeschrieben sind, denen die XML-Daten gehorchen müssen. Die in der Verlagsbranche immer noch gebräuchlichste Form dieser Grammatik ist die sogenannte DTD – die Dokumenttyp-Definition (document type definition). Die DTD ist gleichzeitig auch die älteste Form der gängigen XML-Grammatiken – »modernere« Formen sind das »XML Schema (XSD)«, das ebenso wie die DTD ein W3C-Standard ist, und der ISO-Standard RelaxNG.

XSD

4.8.1 Die DTD

Hat man eine solche Grammatik erstellt, lassen sich sämtliche XML-Daten des Verlages auf formale Korrektheit überprüfen. Eine XML-Grammatik ist somit ein zentrales Werkzeug im XML-Workflow eines Verlages. Innerhalb einer DTD kann man festlegen, welche Elementnamen in einer XML-Datei verwendet werden dürfen, welche Elemente in welchen enthalten sein können, in welcher Reihenfolge bestimmte Elemente vorkommen sollen, ob ein Element an einer bestimmten Stelle obligatorisch ist oder nur fakultativ. Auch für Attribute können diverse Regeln angegeben werden. XML ermöglicht also mit Hilfe der DTD die Festlegung einer frei und präzise definierbaren Datenstruktur.

Im Folgenden wird zunächst der Einfachheit halber nur auf DTDs eingegangen – die Abgrenzung zu den anderen Grammatiken folgt weiter unten.

Für die nachstehende XML-Struktur etwa kann man festlegen, dass das Text-Element `<überschrift>` immer am Anfang des Gliederungs-Elements `<kapitel>` stehen muss und nur einmal pro `<kapitel>` vorkommen darf. Das Element `<absatz>` soll dagegen beliebig oft auftreten können, aber mindestens einmal vorkommen. Ebenso lässt sich festlegen, dass das Element `<verweis>` im Text immer ein `<ziel>`-Attribut mit dem Verweisziel aufweisen muss.

Beispiel

```
<kapitel>
   <überschrift>Das ist der Überschriftstext</überschrift>
   <absatz>Das ist der Text des Absatzes.</absatz>
   <absatz>Im <verweis ziel="absatz5">übernächsten Kapitel
   </verweis> finden Sie mehr zu diesem Thema.</absatz>
</kapitel>
```

Eine dazu passende DTD sähe beispielsweise wie folgt aus:

```
<!ELEMENT kapitel    (überschrift, absatz+) >          [1]
<!ELEMENT überschrift   (#PCDATA) >                     [2]
<!ELEMENT absatz        (#PCDATA | verweis)* >          [3]
<!ELEMENT verweis       (#PCDATA) >                     [4]
<!ATTLIST verweis ziel CDATA #REQUIRED >                [5]
```

Das Datenmodell

In der ersten Zeile dieser DTD wird das Datenmodell des Elements `kapitel` beschrieben, also der mögliche (oder auch verpflichtende) Inhalt dieses Elements. Das Datenmodell steht stets in runden Klammern. In unserem Beispiel lautet es »`überschrift, absatz+`« und besagt dass innerhalb von `<kapitel>` zunächst ein Element `<überschrift>` kommen muss und danach ein oder mehrere Elemente namens `<absatz>`. (Das »+«-Zeichen steht dabei für »einmal oder mehrmals«).

Damit ist das Datenmodell von `kapitel` vollständig beschrieben, gleichzeitig wurden dem Rechner zwei neue Elemente bekanntgegeben (nämlich `überschrift` und `absatz`). Diese müssen nun ebenfalls vollständig definiert werden. In Zeile 2 wird definiert, dass im Element `überschrift` ausschließlich Text, jedoch keine weiteren Elemente, zulässig ist. `#PCDATA` steht dabei für »parsed character data«.

Zeile drei stellt ein etwas komplizierteres Datenmodell dar: Ein `absatz` kann entweder Text (`#PCDATA`) oder – mitten im Text – ein weiteres Element, nämlich `ver-`

`weis`, enthalten. Um dies darzustellen, wird eine »oder-Gruppe« gebildet (der senkrechte Strich bedeutet »oder«) und die ganze Gruppe durch das außerhalb der Klammer stehende Sternchen beliebig häufig aufgerufen.

Zeile fünf stellt die Modellierung eines Attributs dar: Damit ein Verweis funktionieren kann, benötigt er die Angabe eines Sprungziels. In unserem Beispiel heißt das zugehörige Attribut `ziel`, darf beliebigen Inhalt annehmen (`CDATA`) und muss verpflichtend angegeben werden (`#REQUIRED`).

Nun muss die DTD noch mit der XML-Datei verknüpft werden. Dies geschieht durch einen Aufruf der DTD am Anfang der XML-Datei:

Beispiel

```
<?xml version="1.0" encoding="UTF-8"?>
<!DOCTYPE kapitel SYSTEM "c:\dtd\kapitel.dtd">
<kapitel>
<überschrift>Das ist der Überschriftstext</überschrift>
(...)
```

Wohlgeformtheit vs. Validität

Werden in einem XML-Dokument die formalen Regeln des XML-Standards eingehalten, spricht man von wohlgeformtem (well formed) XML. Ist ein XML-Dokument nicht nur wohlgeformt, sondern entspricht es darüber hinaus den Regeln einer bestimmten Grammatik, spricht man von validem (valid) XML.

Wird hingegen eine dieser Regeln nicht eingehalten, gibt das Prüfprogramm (der sogenannte »Parser«) eine Fehlermeldung aus.

Diese Fehler können formaler Art (ein Textteil steht versehentlich nicht innerhalb eines Absatz-Elements, es fehlt das Ende-Tag in einer Fußnote, ...), aber auch redaktioneller Art sein und damit eine große Hilfe bei der Erstellung von Texten darstellen. So lässt sich z. B. leicht abprüfen, ob ein Querverweis ins Leere führt, ob alle Artikel eines Lexikons bereits Freigabestatus haben, ob alle Bilder eines Werkes bereits mit Copyright-Angaben versehen wurden u. v. a. m. Der Einsatz von XML ist damit nicht mehr nur ein technisches Hilfsmittel, sondern kann die Arbeitsweise eines gesamten Verlagshauses im positivsten Sinne, verändern.

Merke

Als Regelwerk für den Aufbau von XML-Daten ist neben der DTD noch ein weiterer, modernerer Standard gebräuchlich, das sogenannte XML Schema (XSD). Im Unterschied zur DTD ist eine XSD selbst auch wieder in XML geschrieben – jeder XSD-Befehl ist also ein Tag.

Mit einer XSD lassen sich die Regeln noch präziser formulieren als mit einer DTD (so sind z. B. Häufigkeitsangaben möglich, wie oft ein Element vorkommen darf). Eine XSD ist jedoch wesentlich aufwändiger zu erstellen und zu pflegen. Ihr Einsatz ist in der Verlagsbranche noch nicht so weit verbreitet.

Die Syntax der DTD ist in der XML-Spezifikation selbst beschrieben; für XML Schema gibt es eine eigene Spezifikation des W3C.

Der dritte Standard für die Formulierung von XML-Grammatiken ist Relax NG, die »Regular Language Description for XML New Generation«. Sie ist kein W3C-, sondern ein ISO-Standard. Sie liegt in der Komplexität zwischen der DTD und dem XML Schema, ist allerdings im Verlagsumfeld kaum gebräuchlich.

Auch hinter HTML, der »Web-Sprache«, steckt genaugenommen eine DTD. Hier wurde eine Grammatik für den Aufbau von Webseiten festgelegt. Alle Element- und Attributnamen sind definiert – so kann sichergestellt werden, dass jede Website, die sich an diesen Standard hält, auch von jedem Browser fehlerfrei dargestellt werden kann.

4.8.2 Standard-DTDs

Neben HTML gibt es mittlerweile viele Standard-DTDs für die unterschiedlichsten Interessengruppen. Beispiele hierfür sind NITF (News Industry Text Format) für den Informationsaustausch zwischen Nachrichtenagenturen, DocBook für technische Dokumentationen allgemein, TEI (Text Encoding Initiative) für Texte in den Geisteswissenschaften, ISO 12083 für die Kodierung von wissenschaftlichen Texten im Verlagskontext. Für jeden Standard gibt es eine DTD bzw. XSD, die festlegt, welche Elemente ein Dokument haben darf oder muss und wie diese angeordnet sein müssen.

Auch für Buch-Metadaten gibt es einen solchen Standard. ONIX (Online Information eXchange) ist ein XML-basierter Standard für den Austausch von Produktinformationen in der Verlagsbranche.

Info

ONIX wurde 1999 von der American Association of Publishers (AAP) in Zusammenarbeit mit großen Verlagen, Buchhändlern und Informationsservices entwickelt, um ausführlichere Buchinformationen online in einem von allen lesbaren Format zur Verfügung stellen zu können.

Mit ONIX liegt Verlagen eine Reihe von vorgegebenen Datenfeldern für die Produktbeschreibung vor, die zum Teil zwingend erforderlich, zum Teil optional sind. Dabei handelt es sich nicht nur um Text- und Zahlenfelder wie für Titel, Autor oder ISBN, sondern auch um Felder für multimediale Eingaben wie z. B. Abbildungen der Buchcover oder Audiodateien. Diese Daten werden dann als ONIX-Nachricht an ein entsprechendes Katalogsystem gesandt. Der Vorteil für den Verlag: Wenn alle Kataloge diesen Standard lesen können, müssen Eingaben nur noch einmal gemacht werden, nicht wie bisher für jeden Katalog einzeln.

Ein Verlag, der sich für den Einsatz von XML entscheidet, steht damit vor der Frage, nach welcher Grammatik die Daten strukturiert sein sollen: Kann eine der erprobten und häufig kostenlosen Standard-DTDs zum Einsatz kommen oder benötigt der Verlag eine eigene »Haus-DTD«?

Aufwand und Nutzen hier gegeneinander abzuwägen bedarf immer einer Betrachtung des Einzelfalls. Für den einen Verlag mag es wichtig sein, v. a. für die redaktionelle Unterstützung die Spezifika des eigenen Verlagsprogramms präzise abgebildet zu wissen (was für eine Eigenentwicklung spräche), für den anderen ist der problemlose Austausch der Daten in der wissenschaftlichen Gemeinde wichtiger, so dass möglicherweise eine Standard-DTD zum Einsatz kommen sollte.

Wenn eine Standard-Grammatik zur präzisen Abbildung der Verlagsinhalte vollständig ausreicht, sprechen vor allem Kostengründe und die kürzeren Implementierungszeiten dafür, sich dieses Standards zu bedienen. Auch gibt es eine breite Unterstützung des offenen Standards durch Drittsoftware, auf die der Verlag zurückgreifen kann.

5 XML in der Verlagspraxis

5.1 Verlagsprojekte und XML

Bei allen offenkundigen Vorteilen ist dennoch der Einsatz von XML nicht für jedes Verlagsprojekt gleichermaßen sinnvoll. Ein einzelnes Buch zu erstellen ist mittels XML weder schneller noch günstiger – viele ähnliche Bücher hingegen schon. Es bedarf also bestimmter Rahmenparameter, um den Aufwand zu rechtfertigen, den die Umstellung der Produktion, gegebenenfalls sogar der gesamten Verlagsarbeit, mit sich bringt.

Wichtig

Fünf Haupt-Gesichtspunkte sprechen dabei für die Arbeit in medienneutralen Strukturen:

- Die Mehrfachverwertung des Datenbestandes (ggf. auch nur in Druckprodukten) ist wahrscheinlich. Das alleine ist ein Grund, die mehrfache Datenpflege zu vermeiden und alle Korrekturen in einen zentralen, automatisch weiterverwertbaren Datenbestand einzutragen.
- Es ist eine elektronische Ausgabe des Datenbestandes geplant.
- Sobald es um die gezielte Recherche von Inhalten geht, führt an einem semantischen Markup kein Weg vorbei.
- Durch den Einsatz von XML lassen sich bei größeren Werken und Buchreihen Zeit und Kosten in Redaktion und Herstellung sowie im Satz sparen. Durch klare, immer wiederkehrende Abläufe lässt sich ein schlanker, überprüfbarer Workflow etablieren. Sinnvoll ist das bei allen regelmäßig aktualisierten Werken, insbesondere Loseblattwerken und Zeitschriften, aber auch bei Werken mit vielen Autoren und umfangreichen Redaktionen (Lexika, Handbücher, Wörterbücher etc.).
- Die inhaltliche und/oder administrative Arbeit wird durch den Einsatz von XML signifikant erleichtert. Das betrifft sowohl die in XML mögliche automatische Strukturkontrolle als auch das Auswerten von Meta-Informationen für den Verlag, die automatische Register- und Querverweiserstellung und vieles mehr.

Ein Verlag, der XML im Einsatz hat, wird seine Titel immer einer Prüfung unterziehen, inwieweit sie einem oder mehreren der o.g. Kriterien entsprechen. Abhängig davon wird die Entscheidung fallen, ob der Titel konventionell oder auf Grundlage eines medienneutral ausgezeichneten Datenbestandes produziert werden soll. Häufig sind es ganz pragmatische Gründe, die gegen eine Arbeit in XML sprechen. Wird zum Beispiel die Arbeit im Satz durch den Einsatz von XML eher erschwert (etwa weil die Satzarbeiten so layoutintensiv sind, dass keine Automatisierung von Teilschritten möglich ist), wird in der Regel auf XML im Produktionsprozess verzichtet.

Im Lauf der Zeit wird somit das Verlagsprogramm oder ein entscheidender Teil davon in einer Form vorliegen, die es dem Verlag ermöglicht, als Informationsanbieter alle erforderlichen Publikationskanäle zu bedienen.

Je nachdem, ob es dem Verlag nur um die Produktion einzelner Titel in XML oder um die Umstellung der gesamten Produktion geht, wird der zu betreibende Aufwand sehr unterschiedlich sein.

Eine Umstellung der Datenhaltung auf XML ist ein aufwändiger und eigenständiger Prozess. Das gesamte Verlagsprogramm muss gesichtet werden, zukünftig geplante Produktionen und Produktformen müssen mit ihren Anforderungen – soweit diese bereits absehbar sind – in das XML-Konzept eingehen.

Ein XML-Konzept, das lediglich ein Werk oder eine Buchreihe umfassen soll, ist dagegen häufig relativ zügig zu entwickeln. Wann sich welches Vorgehen lohnt und wie weit auch ein Einzel-Projekt als Grundstock für eine verlagsweite Umstellung herangezogen werden kann, muss im Einzelnen ermittelt werden.

5.2 Der Weg zu XML

Das Vorhalten von medienneutralen Daten ist für die Verlage kein technisches, sondern ein strategisches Ziel. Entsprechend sollen meist auch alle Abteilungen in den XML-Workflow mit eingebunden werden. Das erfordert eine sorgfältige Planung und genügend Zeit für die Umstellung.

5.2.1 Der erste Schritt: Die XML-Grammatik

Unabhängig von der gewählten Vorgehensweise steht ein Arbeitsschritt stets am Anfang eines XML-Workflows, nämlich die Entscheidung für die gewünschte XML-Struktur und deren Abbildung in einer DTD oder einem XML Schema. Nur wenn Klarheit über die gewünschte Zielstruktur herrscht, kann entschieden werden, wie dieses Ziel erreicht wird – und wer alles in den Workflow eingebunden werden muss, um es zu erreichen.

Mittlerweile gibt es diverse XML-basierte Standards für die medienneutrale Kodierung von technischen Dokumentationen oder literarischen Texten (siehe Kap. 4.8.2). Dennoch entscheiden sich die meisten Verlage für eine eigene Grammatik, die neben den Strukturen der Werke selbst auch verlagsspezifische Angaben zu den Metadaten abbildet.

Es gilt also zuerst zu bestimmen, ob die Verlagsinhalte in einen vorhandenen XML-Struktur-Standard passen oder ob eine eigene Strukturdefinition für ein konkretes Projekt, eine Reihe oder den ganzen Verlag benötigt wird. Für diese Inhaltsanalyse und die Erstellung einer verlags- oder projekteigenen Strukturdefinition ist meist die Zusammenarbeit mit externen, spezialisierten Dienstleistern notwendig.

5.2.2 XML first – XML last

Auf dem Weg hin zu einem XML-Workflow entscheiden sich fast alle Verlage für ein schrittweises Vorgehen. Selten bewährt es sich, auf einen Schlag sämtliche etablierten Arbeitsweisen in allen Abteilungen einzustellen und alles neu zu definieren. Vielmehr wird anhand erster Pilotprojekte die Machbarkeit evaluiert und anschließend Abteilung für Abteilung in den Workflow integriert. Für ein leichteres Verständnis der nachfolgenden Ausführungen betrachten wir zunächst den klassischen, idealisierten Workflow in den Prozessschritten »Autor – Lektorat – Herstellung – Satz – Druck«.

Prinzipiell ist an jedem Punkt dieser Prozesskette der Wechsel von konventioneller Arbeitsweise auf XML möglich – mit Ausnahme des Drucks, der nur noch eine technische Umsetzung von Daten, nicht jedoch eine Verarbeitung im Sinne von Veränderung derselben darstellt. Eine besondere Zäsur fällt hierbei dem Prozessschritt »Satz« zu. Alle Workflows, die VOR Beginn der Satzarbeiten XML einsetzen, werden zusammenfassend als »XML first« bezeichnet, alle Workflows, bei denen XML erst im Nachhinein entsteht (um z. B. die gedruckten Inhalte auch elektronisch anbieten zu können) als »XML last«.

Abgrenzung XML first – XML last

Ein XML first-Workflow bringt also meist auch Veränderungen in den Abläufen im Verlag mit sich, während »XML last« nur eine nachträgliche Konvertierung von druckfähigen Satzdaten beschreibt.

Doch auch ein XML-last-Verfahren wird massiv erleichtert, wenn die Abläufe im Verlag bereits vorstrukturierte Daten ergeben (z. B. durch den systematischen Einsatz einer Dokumentvorlage in Word und einheitlichen Stilvorlagen im Satzsystem).

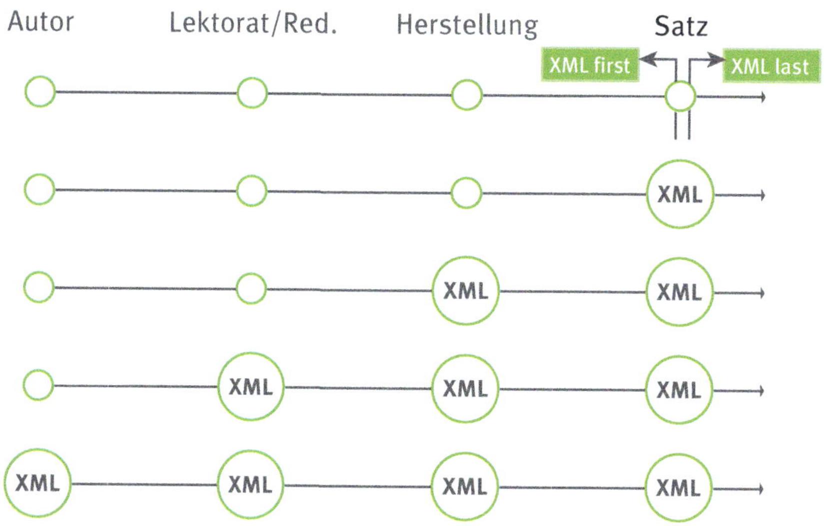

Abb. 26: Abgrenzung von XML first und XML last: Der Begriff XML first fasst viele verschiedene Workflows zusammen

Die Entscheidung für XML first oder last ist die erste, grundlegende Festlegung, die ein Verlag auf dem Weg zu XML treffen sollte – bzw. bei der Entscheidung für einen neuen Workflow treffen muss.

Geht man vom Grundgedanken eines Single-Source-Publishings aus, bei dem medienneutrale Daten zur Ausgabe in beliebige Kanäle vorgehalten werden, ist die Unterscheidung in XML first und XML last eigentlich der falsche Ansatz. Denn damit wird die Fertigstellung des Buches (das nur eine Publikationsform von vielen sein sollte) zu dem Meilenstein erhoben, an dem sich der Zeitpunkt der XML-Konvertierung festmacht. Die Idee des crossmedialen Publizierens jedoch sieht diese Unterscheidung nicht mehr vor: Das Buch soll – genau wie alle anderen Medienformen auch – aus einem gemeinsamen Datenbestand entstehen. Entsteht dieser Datenbestand erst nach Abschluss der Arbeiten am Buch, so kann eigentlich nicht von einem XML-Workflow gesprochen werden. Verlage, die den XML-last-Ansatz favorisieren, tun dies entsprechend auch unter der Maßgabe, die Abläufe im Verlag möglichst gar nicht zu verändern und dennoch zu XML-Daten zu kommen. Für bestimmte sehr layoutlastige Produktionen ist dieser Ansatz allerdings durchaus nach wie vor der effektivste – nicht alle Abläufe lassen sich durch den Einsatz von XML verbessern.

Gibt es diese Zwänge nicht, sollte in jedem Fall der XML-first-Ansatz evaluiert werden. Ziel hierbei ist, zunächst medienneutrale Daten vorliegen zu haben und diese auszukorrigieren sowie mit allen Zusatzinformationen anzureichern, die für den Verlag selbst (z. B. organisatorische Metadaten) oder jedwede Produktform (in der z. B. Schlagworte, Querverweise, Videosequenzen etc. zu kodieren sind) von Belang sind. Wird im Weiteren von einem XML-Workflow gesprochen, so ist stets der XML-first-Workflow gemeint.

Die Einführung eines solchen XML-Workflows beinhaltet nicht zwingend die Veränderung der technischen Abläufe im Verlag. Denn – wie die Abbildung 26 zeigt – kann die Umsetzung der Daten nach XML auch nach Abschluss der Lektoratsphase, aber vor Beginn der Satzarbeiten erfolgen. Viele Verlage favorisieren diesen Weg als Einstieg in die neuen Technologien. In diesem Fall wird von der Setzerei oder einem separaten Dienstleister die Konvertierung der (Manuskript-)Daten nach XML vorgenommen.

Unterschiede bei der Qualitätssicherung

Die Unterscheidung »erst XML – dann Satz« bzw. »erst Satz – dann XML« ist keineswegs Augenwischerei, obwohl der Verlag als Auftraggeber davon ja in beiden Fällen nichts mitbekommen sollte. Entscheidend ist der Aspekt, dass auch die XML-Daten qualitätsgesichert werden müssen. Erfolgt die Konvertierung nach XML erst nach Abschluss der Satzarbeiten, so müssen diese Arbeiten irgendwie überprüft werden. Da ein Korrekturlesen in der XML-Datei praktisch entfällt, muss also eine erneute Umsetzung der Daten in eine lesbare Form erfolgen – Formatierung und Korrekturlesen erfolgen also zweimal: einmal für die eigentlichen Satzarbeiten, ein weiteres mal für die Kontrolle der Konvertierung.

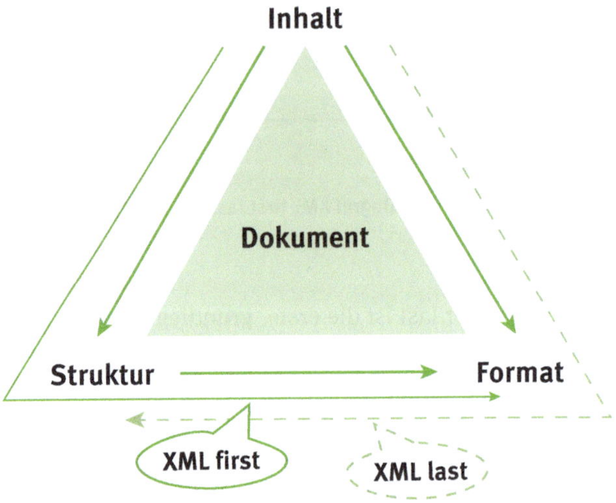

Abb. 27: Abgrenzung von XML first und XML last im Kontext der Trennung von Struktur und Layout

Ganz anders sieht es aus, wenn die Daten vor Beginn der Satzarbeiten konvertiert werden. Da mit Vorhandensein von XML auch entsprechende Satzautomatismen greifen, kann anhand der typographischen Umsetzung im Satzbild die korrekte Struktur der Daten gleich mit überprüft werden. Eine falsch gewählte Überschriftshierarchie ist dann kein Hinweis auf eine falsche (manuelle) Umsetzung des Textes durch den Satzbetrieb, sondern auf eine falsche Struktur in den Quelldaten. Wenn während der Satzarbeiten immer die Quelldaten korrigiert werden, liegen mit dem Imprimatur auch auskorrigierte, valide XML-Daten vor. Der Verlag hat sein strategisches Ziel somit erreicht, ohne dass sich an den Abläufen im Haus (Korrekturlesen auf Papier, Arbeiten am Manuskript etc.) irgendetwas geändert hätte.

Tipp

Um bei mehreren Satzdienstleistern eine einheitliche Datenqualität zu erzielen, gehen immer mehr Verlage dazu über, die Konvertierung der Daten nach XML als eigenen Prozessschritt separat zu beauftragen. Spezialisierte Betriebe übernehmen dann die Aufbereitung der Inhalte nach XML – inklusive dem notwendigen Copy-Editing, um Querverweise etc. einzubringen. Meist werden hier auch bereits die typographischen Konventionen des Verlages in der Datenstruktur berücksichtigt, z. B. Versalzeichenfolgen als solche gekennzeichnet oder Festabstände (als Unicode-Zeichen) in die Daten eingebracht.

Sind solcherart veredelte und strukturell fehlerfreie Daten vorhanden, sinkt der Aufwand für die eigentlichen Satzarbeiten natürlich beträchtlich (diese hatten bis dato ja ebenfalls mit einer Konvertierung der Daten begonnen), so dass sich die Einführung einer zentralen Konvertierung nicht zwingend negativ auf die Gesamtkosten niederschlägt.

Bereits zu diesem Zeitpunkt ist der Verlag in der Lage, jede Form von elektronischen Publikationen aus den Daten abzuleiten. Mit Abschluss der Satzarbeiten sollten auskorrigierte XML-Daten vorliegen, die sofort als Quelldaten für die weiteren Publikationsformen verwendet werden können. Je »buch-ähnlicher« die Umsetzung der E-Publikation ist, umso tragfähiger ist dieser Workflow, der seitens des Verlages noch ohne größere Investition auskommt.

5.2.3 Integration von XML in die Verlagsarbeit

Mit dem Vorhandensein von XML-Daten und deren Qualitätssicherung ist bereits ein wichtiger Schritt getan – die ersten elektronischen Produkte können entstehen. Doch noch arbeitet der Verlag konventionell, noch ist die Arbeitsweise nicht auf die neuen Medienformen hin optimiert. Ein crossmedial denkender Verlag hat allerdings höhere Ansprüche an seine Daten als nur die Abbildung der Autorendaten in neutraler Form. Viele Publikationsformen erfordern eine weitergehende Anreicherung des Datenbestandes (etwa die Hinterlegung von Geo-Koordinaten bei Tourenbeschreibungen oder animierte Reparaturanleitungen), die sich ohne Veränderung der Abläufe im Verlag selbst nicht vornehmen lassen. Denn nach der technischen Datenqualität muss sich nun der Fokus auf die Qualität der inhaltlichen Struktur richten.

Anreicherung der Daten über den Druck hinaus

Der Qualitätsbegriff beschreibt hier explizit nicht die Aspekte, die die Arbeit des Lektorats am gedruckten Inhalt betreffen – diese Qualität ist unbestritten und darf nicht unter den neuen Workflows leiden. Vielmehr geht es um eine – ebenfalls redaktionelle, also inhaltliche – Anreicherung der Daten über die Bedürfnisse des Druckproduktes hinaus, Anreicherungen also, die ein technischer Dienstleister nicht eigenverantwortlich durchführen kann. Oft werden marktgängige elektronische Produkte erst durch die weitergehende Anreicherung der Inhalte möglich – und spätestens dann wird es Zeit, es auch dem Lektorat zu ermöglichen, direkt in den XML-Daten zu arbeiten.

Tipp

Die Einbindung der einzelnen Verlagsabteilungen in einen XML-Workflow erfolgt in aller Regel »von hinten nach vorne«, also schrittweise über die Herstellung zu den Lektoraten und Redaktionen. Im Idealfall wird schließlich sogar der Autor in die Workflows mit eingebunden, indem beispielsweise ein entsprechendes Content Management System zur Verfügung steht, in das der Autor seine Inhalte direkt einpflegen kann.

Die Erfassung in XML wird zumindest für externe Autoren häufig noch die Ausnahme sein, da diese nicht ohne weiteres von ihrer gewohnten Arbeitsweise – i. d. R. dem Einsatz eines Textverarbeitungsprogramms – abgebracht werden können. Anders sieht es bei der Erstellung und Bearbeitung von Texten in Fachredaktionen aus. Hier kann der Verlag durch den Einsatz geeigneter Software (XML-Editor, evtl. in Kopplung mit einem Redaktionssystem) die Arbeitsabläufe von vornherein optimieren.

In der Regel sollte ein solcher XML-Editor noch an die besonderen Erfordernisse der Bearbeiter angepasst werden. Das ist in Abhängigkeit von der Komplexität der Daten in wenigen Stunden bis Tagen erledigt. Das wichtigste ist die Erstellung eines passenden CSS-Stylesheets (vgl. Kap. 6.2) zur graphischen Umsetzung der XML-Elemente. Erst dann haben die XML-Editoren ein ähnliches »Look and Feel« wie normale Textverarbeitungsprogramme – andernfalls erfolgt die Arbeit quasi im Quellcode, was eine deutliche Erschwernis für die Bearbeiter darstellt.

6 Elektronische Publikationen

6.1 HTML – Die Datenbasis

Ein Verlag, der seine Produktion auf XML umgestellt hat, hat damit aber noch lange nicht auch elektronische Medien produziert. Während der Verlag seinen Content in verlagsspezifischem, semantischen Markup abspeichert, basieren die meisten elektronischen Publikationsformate auf HTML (XHTML, HTML5) – der HyperText Markup Language. HTML-Daten sind uns allen bestens bekannt – es ist das Format, das allen Webseiten zugrunde liegt. Nicht nur online-Publikationen, sondern auch die Standard-Publikationsformate EPUB und MobiPocket sowie viele Apps basieren auf diesem Format – Grund genug, ihm ein wenig auf den Grund zu gehen.

6.1.1 HTML – Das Prinzip

Das Grundgerüst einer XHTML-Datei ist immer gleich: Das Wurzelelement lautet stets <html>, gefolgt von zwei Toplevel-Elementen (den Elementen direkt unterhalb des Wurzelelements) <head> und <body>.

Das Grundgerüst einer HTML-Datei

```
<html>
      <head>
            (...)
      </head>
      <body>
            (...)
      </body>
</html>
```

Im <head> finden sich sämtliche Metadaten zur jeweiligen HTML-Seite – etwa Angaben über den Autor, Schlüsselbegriffe für die bessere Auffindbarkeit in Suchmaschinen oder auch die Verknüpfung mit externen Formatierungsregeln, sogenannten CSS-Stylesheets. Im <body> hingegen steht der eigentliche Text, der zur Veröffentlichung vorgesehen ist. Gemäß der HTML-DTD stehen innerhalb von <body> nun ca. 60 Elemente für die Strukturierung und Formatierung der Inhalte zur Verfügung, so z. B. <h1> für »Überschrift Stufe1« (heading 1), <p> für Absatz (paragraph), <table> für Tabellen etc.

Um das Kochbuch aus unserem Beispiel im Web zu veröffentlichen, würde der Code etwa wie folgt aussehen:

Beispiel:

```
<!DOCTYPE html SYSTEM "http://www.w3.org/TR/xhtml1/DTD/xhtml1-
transitional.dtd">
<html xmlns="http://www.w3.org/1999/xhtml">
<head>
      <title>Mein erstes Rezeptbuch</title>
   </head>
   <body>
      <h1>Huhn mit Rosmarinkartoffeln</h1>
```

```
      <img src="huhn.jpg" alt="huhn"/>
      <h2>Zutaten</h2>
      <p>1 frisches Huhn</p>
      (...)
      <h1>Selleriesuppe</h1>
      <img src="sellerie.jpg" alt="sellerie"/>
      <h2>Zutaten</h2>
      <p>1 Bund Sellerie</p>
   </body>
</html>
```

Die entsprechende Seite, im Browser dargestellt, sieht dann folgendermaßen aus:

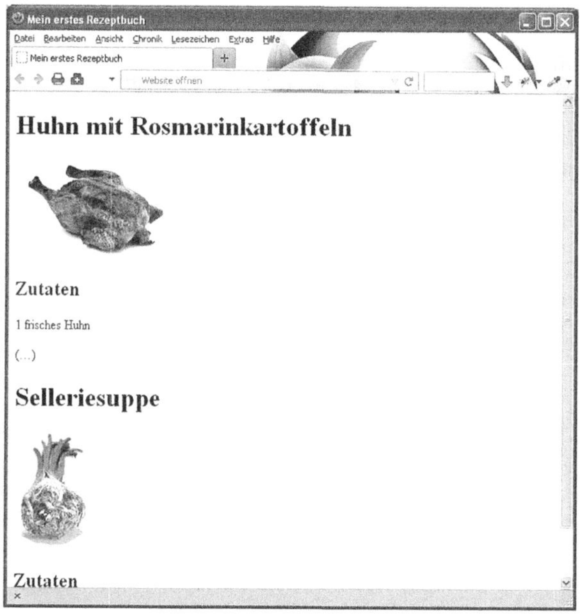

Abb. 28: Darstellung der HTML-Seite ohne eigene Formatierungsangaben in einem Browser

Diese Website wirkt noch »unformatiert«, und in der Tat haben wir noch keinerlei Angaben zur Formatierung der Überschriften, Absätze etc. gemacht. Dennoch ist aber eine gewisse Formatierung vorhanden: Die Überschriften werden bereits in anderer Schriftgröße dargestellt als der Grundtext, der Text wird in einer bestimmten Schriftart angezeigt etc.

Regelbasierte Formatierung im Browser

Wie kann das sein? Mit der Beantwortung dieser Frage haben wir ein ganz entscheidendes Grundprinzip des elektronischen Publizierens erkannt – das Prinzip der regelbasierten Formatierung bei einem Layout, das abhängig vom Ausgabegerät ist. Für das Verständnis dessen müssen wir uns hier von allem lösen, was wir aus der Druckvorstufe in der Printproduktion kennen: Im Druckprozess gibt es stets vor Beginn der Auflagenproduktion ein definiertes, feststehendes und freigegebenes Layout – in der Regel in Form einer PDF-Datei. Im Druckprozess entstehen untereinander identische Kopien; ist das Layout in einem Exemplar korrekt, ist es in allen Exemplaren korrekt. Dieses Prinzip wird beim Publizieren auf Basis von HTML umgekehrt: ein feststehendes Layout zu veröffentlichen ist in der Regel nicht möglich, da im Vorfeld nicht bekannt ist, auf welchem Gerät die HTML-Seite dargestellt werden wird. Der Text (und die anderen Elemente) einer HTML-Seite soll sich an die Bildschirmauflösung,

-größe, Art des Lesegeräts etc. anpassen. Die eigentliche Formatierung einer Webseite oder auch einer E-Book-Seite geschieht also erst im Browser, und zwar erst zu dem Zeitpunkt, wo die Seite am Bildschirm aufgebaut wird. Es werden also nicht fertig formatierte Seiten an den Browser übertragen, vielmehr agiert der Browser wie ein kleines »Online-Satzsystem«, indem er eine streng regelbasierte Formatierung der Webseite vornimmt. Was der Online-Publisher also zur Verfügung stellen muss, sind die HTML-Seiten selbst und die Regeln, nach denen diese formatiert werden sollen.

Jeder Browser hat hinterlegte Standard-Formatierungsregeln

Da nun HTML ein weltweiter Standard ist, in dem die zulässigen Tags präzise und vollständig definiert sind, konnte auch für jedes Element eine »Standard-Basisformatierung« festgelegt werden. Diese ist in jedem gängigen Browser, Tablet-PC, Smartphone – und auch in jedem E-Book-Lesegerät – hinterlegt. Auch ohne eigene Angaben für die Formatierung erscheint der Text also bereits soweit formatiert, dass der Leser die Struktur der Seite problemlos erkennen kann: Überschriften, Absätze, Listen, Tabellen, Abbildungen – für all das gibt es eine Basisformatierung.

Diese Erkenntnis ist wichtig. Das Prinzip der Standardisierung der Struktur (nicht der Typographie!) von Bildschirmseiten ist die Grundlage des elektronischen Publizierens. Durch die hinterlegte Standard-Typographie wird sichergestellt, dass der publizierte Text auf jeden Fall lesbar bleibt und dass die wichtigsten Strukturen als solche erkannt werden können – selbst dann, wenn aus irgendwelchen Gründen die mitgelieferten Typographie-Angaben vom Ausgabegerät nicht umgesetzt werden können.

Merke:
Die wichtigsten HTML-Elemente

<h1> ... </h1>	Überschrift 1. Ordnung *(heading)*
<h6> ... </h6>	Überschrift 6. Ordnung *(heading)*
<p> ... </p>	Absatz *(paragraph)*
** **	Zeilenwechsel *(line break)*
<b> ... </b>	fett *(bold)*
<strong> ... </strong>	fett *(strong emphasis, starke Betonung)*
<i> ... </i>	kursiv *(italic)*
<em> ... </em>	kursiv *(emphasis)*
<u> ... </u>	unterstrichen *(underline)*
_{...}	Tiefstellung *(subscript)*
^{...}	Hochstellung *(superscript)*
<hr/>	waagrechte Linie *(horizontal ruler)*
<a name="ziel1">	benannter Verweis – Anker *(anchor)*
<a href="http://www.xyz.de"> ... </a>	Link auf externe Website *(anchor)*
<a href="datei1.htm"> ... </a>	Link auf interne Datei *(anchor)*
<ul> ... </ul>	ungeordnete Liste *(unordered list)*
<ol> ... </ol>	geordnete Liste *(ordered list)*
<li> ... </li>	Listenpunkte *(list item)*
<img src="xxx.jpg"/>	Abbildungsaufruf *(image)*
<table> ... </table>	Tabelle
<tr> ... </tr>	Tabellenzeile *(table row)*
<td> ... </td>	Tabellenzelle *(table data)*
<thead> ... </thead>	Tabellenkopf *(table head)*
<tfoot> ... </tfoot>	Tabellenfuß *(table foot)*

6.1.2 HTML im Detail

In einem Verlag, der crossmedial publiziert, werden die HTML-Seiten nicht von Hand erzeugt, sondern automatisiert erstellt – in der Regel über ein sogenanntes Content Management System. Dennoch ist es für den Verlagsmitarbeiter wichtig, die zentralen HTML-Codes zu kennen. Nachfolgend wollen wir daher die wichtigsten Konstrukte von HTML-Seiten betrachten.

Den Grundaufbau einer HTML-Seite hatten wir schon kennengelernt. Im Beispiel auf Seite 50, das eine vollständige Website abbildet, kann man sehen, dass das Grundgerüst neben den eigentlichen Elementen noch weitere Bestandteile aufweist:

Beispiel:

```
<!DOCTYPE html SYSTEM "http://www.w3.org/TR/xhtml1/DTD/    [1]
xhtml1-transitional.dtd">                                   [2]
<html xmlns="http://www.w3.org/1999/xhtml">                 [3]
```

Zeile 1 enthält die Dokumenttyp-Deklaration. Wie in XML auch wird hier angegeben, nach welcher DTD die HTML-Seite aufgebaut ist. Da es von HTML mittlerweile eine ganze Reihe von Varianten gibt, ist es sinnvoll anzugeben, auf welche Spezifikation sich die Seite bezieht. Im vorliegenden Listing ist es die DTD »xhtml1-transitional.dtd«.

Zeile 3 enthält neben dem Wurzelelement <html> noch die Angabe eines sogenannten Namespaces (xmlns="http://www.w3.org/1999/xhtml"). Diese Angabe ist für HTML-Dateien optional. Im Rahmen des professionellen Publishing sollten man sich dennoch gleich daran gewöhnen, den Namespace (Namensraum) mit anzugeben.

6.1.3 Exkurs: Namespaces

Die Angabe des Namensraums dient dazu, Elemente unterschiedlicher DTDs miteinander vermischen zu können und sie dennoch – vor allem solche gleichen Namens – eindeutig auseinanderhalten zu können. Soll beispielsweise in eine Website eine mathematische Formel eingebettet werden (für die keine Elemente in HTML vorgesehen sind), so kann dies über die Einbettung von MathML geschehen, einer XML-Sprache, die speziell für die Ausgabe von Formeln entwickelt wurde. Um die MathML-Elemente von den HTML-Elementen zu trennen, muss der Namensraum mit angegeben werden:

Beispiel:

```
<html xmlns="http://www.w3.org/1999/xhtml">
  <head> (…) </head>
  <body>
  (…hier folgen die HTML-Elemente)
    <math xmlns="http://www.w3.org/1998/Math/MathML">
    (… hier folgen die MathML-Elemente)
    </math>
  (… weitere HTML-Elemente)
  </body>
</html>
```

6.1.4 Erste eigene HTML-Seiten

Um die HTML-Elemente besser kennenzulernen, wollen wir nun zunächst eine einfache HTML-Seite aufbauen:

Beispiel:

```
<!DOCTYPE html SYSTEM "http://www.w3.org/TR/xhtml1/DTD/
xhtml1-transitional.dtd">
<html xmlns="http://www.w3.org/1999/xhtml">
  <head>
    (...)
  </head>
  <body>
    <h1>Prolog im Himmel.</h1>
    <p><i>Der Herr. Die himmlischen Heerscharen. Nachher
    Mephistopheles.<br/>
    Die drei Erzengel treten vor.</i></p>
    <p>DER HERR:</p>
    <p>Kennst du den Faust?</p>
    <p>MEPHISTOPHELES:</p>
    <p>Den Doktor?</p>
    <p>DER HERR:</p>
    <p>Meinen Knecht!</p>
    <p>MEPHISTOPHELES:</p>
    <p>Fürwahr! er dient Euch auf besondre Weise.<br/>
    Nicht irdisch ist des Toren Trank noch Speise.</p>
  </body>
</html>
```

Auch ohne weitere Formatierungsangaben wird diese Seite im Browser bereits sinnvoll dargestellt – auf der Grundlage der im Browser hinterlegten Standard-Formatierungsregeln:

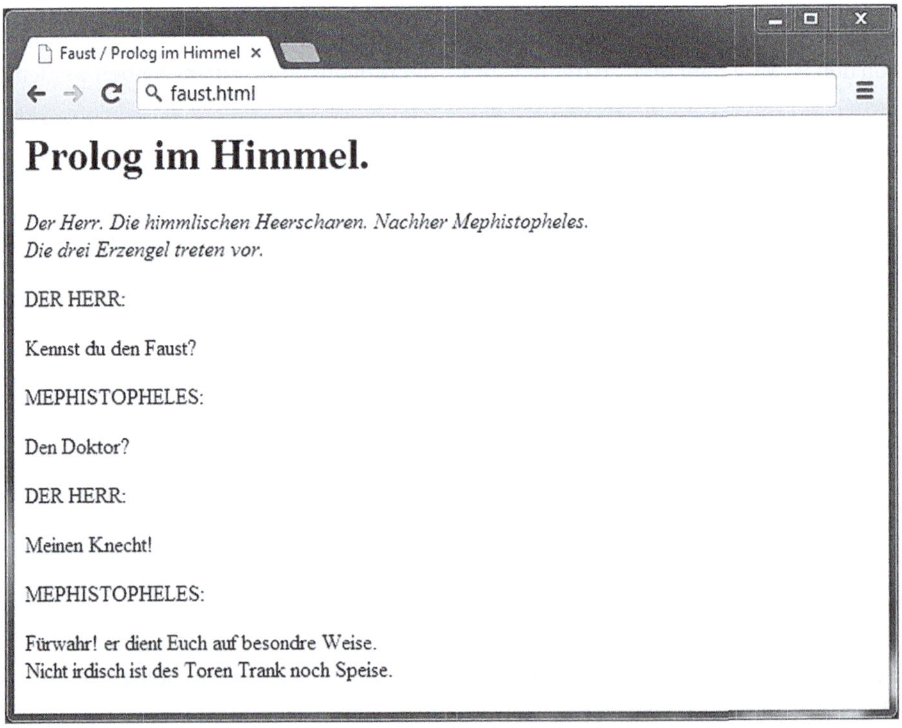

Abb. 29: Darstellung der HTML-Seite im Browser

Als erstes wollen wir den Text um eine Liste erweitern. In HTML gibt es zwei Listenarten: `<ul>` umschließt eine »ungeordnete Liste«, `<ol>` eine »geordnete Liste«. Bei einer ungeordneten Liste werden die einzelnen Listenpunkte (`<li>...</li>`) mit einem vorangestellten Symbol (Spiegelstrich, Punkt, ...) dargestellt, bei einer geordneten Liste mit einer vorangestellten Ziffer oder einem Buchstaben.

```
<h2>Inhaltsverzeichnis</h2>
<ol>
  <li>Einleitung
    <ul>
      <li>Zueignung</li>
      <li>Vorspiel auf dem Theater</li>
      <li>Prolog im Himmel</li>
    </ul>
  </li>
  <li>Der Tragödie erster Teil
    <ul>
      <li>Nacht</li>
      <li>Vor dem Tor</li>
      <li>Studierzimmer</li>
      <li>Auerbachs Keller</li>
    </ul>
  </li>
</ol>
```

Beachten Sie, dass die Aufzählungszeichen selbst nicht im HTML-Code vorhanden sind, sondern erst im Browser während der Darstellung hinzugefügt werden. Es handelt sich hierbei abermals um die Voreinstellung des Browsers – Art und Aussehen der Aufzählungszeichen können frei bestimmt werden.

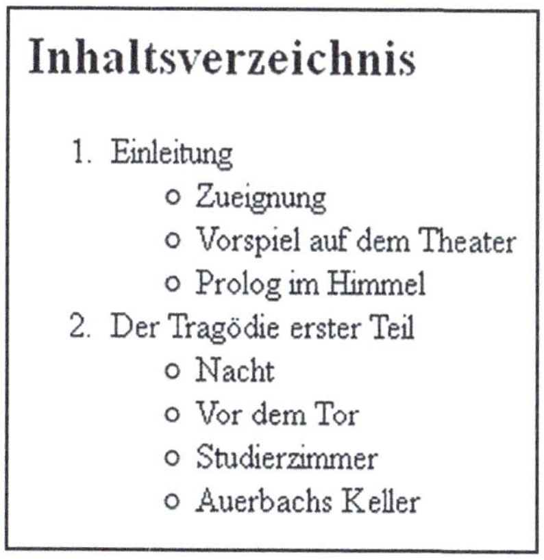

Abb. 30: Listen-Darstellung im Browser

Als nächstes fügen wir eine Tabelle ein:

```
<table>
  <tr>
    <td>Faust</td>
    <td>Ein Gelehrter</td>
  </tr>
  <tr>
    <td>Mephisto</td>
    <td>Der Teufel</td>
  </tr>
  <tr>
    <td>Margarete</td>
    <td>Fausts Geliebte</td>
  </tr>
</table>
```

Das Element <tr> (table row) umschließt dabei immer eine Tabellenzeile, <td> (table data) umschließt die einzelne Tabellenzelle:

Faust	Ein Gelehrter
Mephisto	Der Teufel
Margarete	Fausts Geliebte

Abb. 31: Tabellen-Darstellung im Browser

Tabellen sind ein vergleichsweise komplexes Konstrukt. Für Tabellenkopf und -fuß, Zellüberspannungen, Rahmenlinien und -farben, Hintergrundgrafiken und vieles mehr gibt es eigene Elemente oder Attribute, die hier zunächst nicht näher erläutert werden.

Hyperlinks

Zuletzt wollen wir noch Hyperlinks (Querverweise) in die Datei einfügen. Dazu legen wir Verweise vom Inhaltsverzeichnis zu den einzelnen Überschriften. Das benötigte Element lautet <a>. Es dient sowohl als Kennzeichnung für die Absprungstelle als auch für das Sprungziel innerhalb einer HTML-Datei. Unterschieden werden die beiden Konstrukte anhand des verwendeten Attributs. Ein Querverweis enthält das Attribut `href` (»hyperlink reference«), das Sprungziel das Attribut `name` oder `id`.

```
<ul>
  <li>Einleitung
    <ul>
      <li><a href="#ziel1">Zueignung</a></li>
      <li><a href="#ziel2">Vorspiel auf dem Theater</a></li>
      <li><a href="#ziel3">Prolog im Himmel</a></li>
    </ul>
  </li>
</ul>

<h1><a name="ziel1"/>Zueignung</h1>
```

In diesem Beispiel wurden ausschließlich interne Querverweise angelegt, also Sprünge auf eine andere Stelle innerhalb der selben Datei. Interne Querverweise werden mit einem vorangestellten Nummernzeichen (»#«) kenntlich gemacht, danach folgt der Name des Sprungziels in derselben Notation, wie er auch am Sprungziel selbst verzeichnet ist.

Ein externer Link (also ein Verweis auf eine andere Website) wird ohne Nummernzeichen kodiert, dafür muss die vollständige URL im Attributwert wiedergegeben werden: `<a href="http://www.degruyter.com">`.

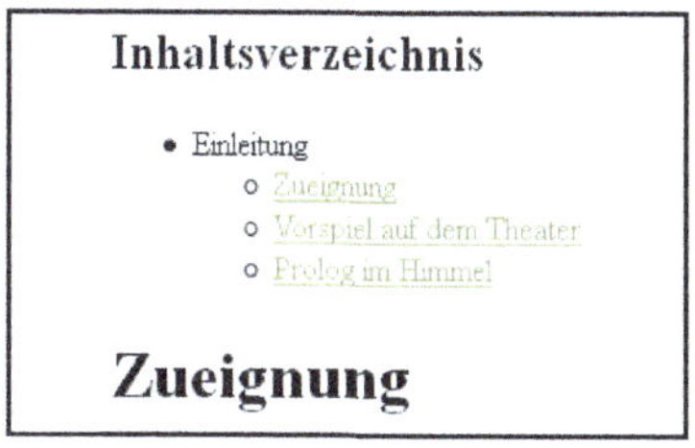

Abb. 32: Darstellung der Links im Browser

Die Hyperlinks werden gemäß der Voreinstellung der Browser blau und unterstrichen dargestellt. Das wollen wir später noch abändern. Das Sprungziel hingegen erfährt keine besondere typographische Kennzeichnung.

6.1.5 Semantik in HTML: Die Klassen

Bei allen Elementen, die wir bislang in HTML kennengelernt haben, fällt auf: sie beschreiben stets nur die formale Struktur einer Website, nicht jedoch die Semantik. Und in der Tat gibt es keine Elemente, die die Vielfalt an Strukturen wiedergeben, wie wir sie in XML abbilden können. Diese vordergründige Schwäche ist gleichzeitig die größte Stärke von HTML: Nur durch die Begrenzung des Vokabulars auf Basis-Elemente war es möglich, einen Standard zu schaffen, der weltweite Gültigkeit hat.

Diese Basis-Elemente reichen aber nicht aus, um komplexe Sachverhalte abzubilden und auch typographisch zu unterscheiden. In unserem Beispiel sind sowohl die Sprecher (»Der Herr«, »Mephistopheles«) als auch der Sprechertext (»Kennst Du den Faust?«) als Absätze (<p>...</p>) ausgezeichnet. Eigene Elemente für »sprecher« oder »sprechertext« gibt es in HTML nicht. Um diese Texte dennoch zu unterscheiden, gibt es die Möglichkeit, die HTML-Elemente mit sogenannten Klassen anzureichern. Eine Klasse entspricht grob einer Absatz- oder Zeichenformatvorlage, wie man das aus den gängigen Layout- und Textverarbeitungsprogrammen kennt. Durch eine semantische Benennung dieser Klassen kann der Anwender eine HTML-Datei quasi semantisch strukturieren:

Beispiel:

```
<!DOCTYPE html SYSTEM "http://www.w3.org/TR/xhtml1/DTD/
xhtml1-transitional.dtd">
<html xmlns="http://www.w3.org/1999/xhtml">
  <head>
  </head>
  <body>
    <h1>Prolog im Himmel.</h1>
```

```
    <p class="regie">Der Herr. Die himmlischen Heerscharen.
    Nachher Mephistopheles.<br/>
    Die drei Erzengel treten vor.</p>
    <p class="sprecher">DER HERR:</p>
    <p class="sprechertext">Kennst du den Faust?</p>
    <p class="sprecher">MEPHISTOPHELES:</p>
    <p class="sprechertext">Den Doktor?</p>
    <p class="sprecher">DER HERR:</p>
    <p class="sprechertext">Meinen Knecht!</p>
    <p class="sprecher">MEPHISTOPHELES:</p>
    <p class="sprechertext">Fürwahr! er dient Euch auf
    besondre (...)</p>
  </body>
</html>
```

Die Namen der Klassen kann der Anwender freisprachlich vergeben. Entsprechend können für diese Bezeichner in den Browsern natürlich auch keine voreingestellte Typographie hinterlegt sein. Spätestens jetzt also müssen wir uns um die Formatierung von HTML selbst kümmern. Hier kommt die Formatierungssprache CSS ins Spiel, um die es Kapitel 6.2 gehen wird.

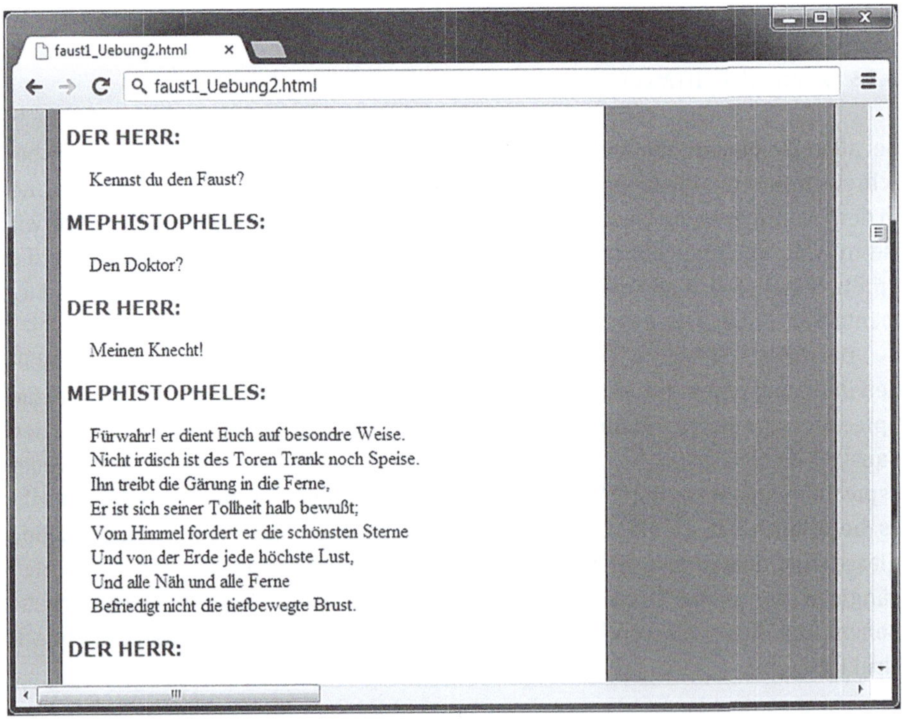

Abb. 33: Formatierung von HTML-Seiten über den Einsatz von Klassen

6.1.6 Die »freien« Elemente <div> und <span>

Hierarchischer Aufbau von Websites

Zunächst aber wollen wir noch zwei besondere – und besonders wichtige – Elemente von HTML kennenlernen, ohne die der Aufbau komplexer Webseiten nicht möglich wäre. Es fehlen uns bislang nämlich nicht nur semantische Elemente, es fehlt auch noch die Möglichkeit, die Webseiten hierarchisch zu strukturieren. In unserem Beispiel wäre es hilfreich, die Kapitelstruktur des Werkes (aufgeteilt in Akte und Szenen) abbilden zu können. Auch bei dem Kochbuch-Beispiel wäre es wichtig, ein Rezept als solches kennzeichnen zu können. Es fehlt also noch ein Element, das andere Elemente umschließen und damit zu frei definierbaren, semantischen Einheiten zusammenfassen kann. Dieses Element gibt es in HTML – es heißt `<div>`. Das `<div>` (für »division«, »Bereich«)-Element ist rekursiv schachtelbar. Das heißt, es kann beliebig oft in sich selbst verschachtelt werden. Über das Attribut class (oder id) lässt es sich wiederum in ein quasi-semantisches Element verwandeln.

In unserem Beispiel könnte das zu folgendem Seitenaufbau führen:

Beispiel:

```
<!DOCTYPE html SYSTEM "http://www.w3.org/TR/xhtml1/DTD/
xhtml1-transitional.dtd">
<html xmlns="http://www.w3.org/1999/xhtml">
  <head>
  </head>
  <body>
    <div class="akt">
      <div class="szene">
        <h1>Prolog im Himmel.</h1>
        <p class="regie">Der Herr. Die himmlischen
        Heerscharen. Nachher Mephistopheles.<br/>
        Die drei Erzengel treten vor.</p>
        <p class="sprecher">DER HERR:</p>
        <p class="sprechertext">Kennst du den Faust?</p>
        <p class="sprecher">MEPHISTOPHELES:</p>
        <p class="sprechertext">Den Doktor?</p>
        <p class="sprecher">DER HERR:</p>
      </div>
    </div>
  </body>
</html>
```

Block-Elemente vs. Inline-Elemente

Elemente, die andere umschließen und auch solche, die »Absatzcharakter« haben, bezeichnen wir als Block-Elemente. Elemente, die nur einzelne Zeichen umschließen und zu keiner Zeilenschaltung führen sollen, werden als Inline-Elemente bezeichnet.

Für die Block-Elemente haben wir mit `<div>` bereits ein »freies« Element kennengelernt, um beliebige Strukturen zu umschließen. Etwas entsprechendes fehlt bisher auch noch auf der Ebene der Inline-Elemente, nämlich die Möglichkeit, freie »Zeichenformatvorlagen« anzulegen. Bislang haben wir für die Formatierung einzelner Zeichen oder Zeichenfolgen nur HTML-Elemente kennengelernt, denen unmittelbar auch eine feste Formatierung zugewiesen war, wie etwa `<i>…</i>` für kursiv oder `<b>…</b>` für fett. Was aber, wenn ein Textteil rot dargestellt werden soll? Oder wenn er gar keine unmittelbare Formatierung erfahren soll, sondern abermals eine semantische Kennzeichnung wie z. B. »wichtig« oder »Preis«?

So wie es mit `<div>` ein frei verfügbares Element auf Absatz-Ebene gibt, gibt es auch ein entsprechendes Inline-Element. Es heißt `<span>` (»Umspannung«) und kann innerhalb eines Absatzes (präziser: innerhalb eines Block-Elements, also ebenso innerhalb von Überschriften, Listeneinträgen etc.) um beliebige Zeichen angefügt werden. Das <span>-Element wird abermals mit dem Klassen-Attribut versehen und somit zu einem pseudo-semantischen Element: <span class="wichtig">... </span>.

```
<!DOCTYPE html SYSTEM "http://www.w3.org/TR/xhtml1/DTD/
xhtml1-transitional.dtd">
<html xmlns="http://www.w3.org/1999/xhtml">
  <head>
  </head>
  <body>
    <p class="sprecher">GEIST:</p>
    <p class="sprechertext">Wer ruft mir?</p>
    <p class="sprecher">FAUST
    <span class="regie">(abgewendet):</span></p>
    <p class="sprechertext">Schreckliches Gesicht!</p>
  </body>
</html>
```

In diesem Beispiel ist es erforderlich, die Regieanweisung »(abgewendet)«, die in derselben Zeile stehen soll wie das Wort »FAUST«, als Inline-Element mit <span class="regie"> auszuzeichnen und nicht als <p class="regie">, da <p> als Absatzformat stets einen Zeilenwechsel mitbringt.

Nachdem wir nun alle Elemente kennen, die wir für den Aufbau auch komplexer Webseiten benötigen, können wir uns der Formatierung von HTML-Seiten (und damit auch von E-Books) zuwenden.

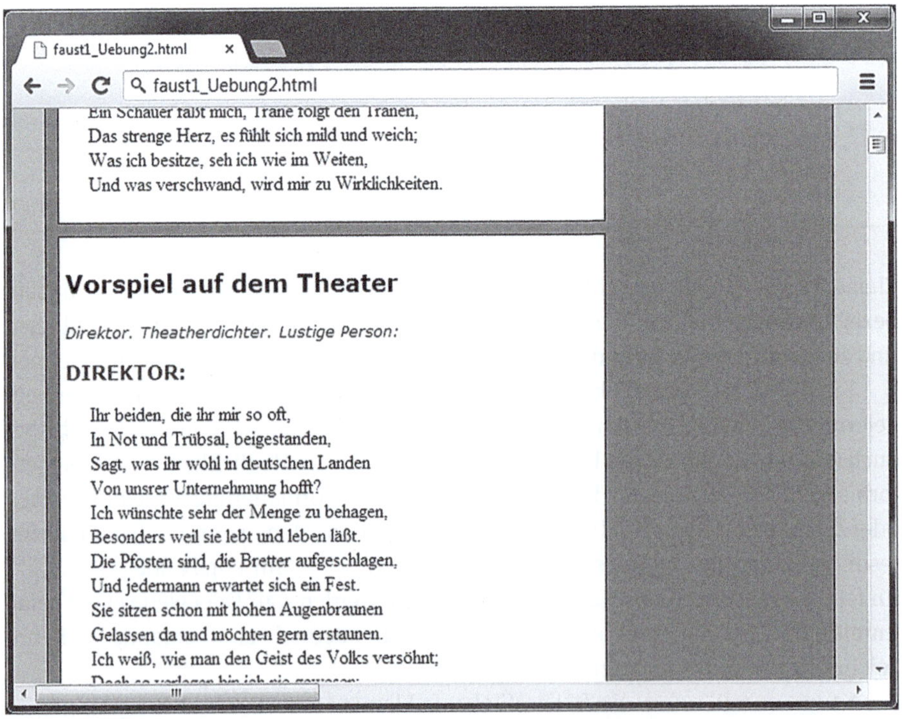

Abb. 34: <div>-Elemente führen zu einer Verschachtelung von Inhalten. Sie können z. B. als Rahmen dargestellt werden

6.2 CSS – die wichtigste Formatierungssprache weltweit

Die Angaben zur Formatierung einer (X)HTML-Seite erfolgen ebenfalls in einer normierten Sprache, nämlich in CSS. CSS steht für »cascading stylesheets«, was zunächst verwirrend klingt, denn was hat ein Stylesheet (also eine Stilvorlage) mit einer Kaskade (also einem mehrstufigen Wasserfall) zu tun?

Bevor wir uns daher der Syntax von CSS und damit dem konkreten Gestalten von Webseiten, E-Books etc. zuwenden, wollen wir dem Prinzip einer »Formatierungssprache« auf den Grund gehen. Der Ausdruck »Sprache« besagt hierbei schon, dass es dabei um eine abstrakte Beschreibung von Formatierung, nicht um die Formatierung selbst geht.

Ziel ist also nicht, dem einzelnen Absatz in einem E-Book durch direktes Formatieren eine Gestaltung zu geben, sondern vielmehr, Regeln zu formulieren, wie dieser Absatz (und jeder andere, der denselben Kriterien genügt) formatiert werden soll.

Formatierung über Regeln

CSS ist also eine regelbasierte Sprache, die ähnlich dem Prinzip »Suche-Ersetze« (bzw. besser: »Suche – Formatiere«) funktioniert. Als Sprache, die speziell für die Formatierung getaggter Daten (also XML und HTML) entwickelt wurde, bezieht sich das »Suche« hierbei allerdings nicht auf Zeichenfolgen im Text (so wie man das von Word und anderen Textverarbeitungsprogrammen her kennt), sondern auf Elemente und deren Attribute.

Eine mögliche Formatierungsregel könnte somit lauten: »immer, wenn ein Absatz kommt, soll er wie folgt formatiert werden…«. Anders als beispielsweise die Formatvorlagen in Word wird eine solche Formatierungsregel in einer neutralen Syntax niedergeschrieben, so dass sie von jedem Browser gelesen, interpretiert und umgesetzt werden kann.

CSS level 1 wurde bereits 1996 vom W3C als »Recommendation« verabschiedet und 1999 überarbeitet. Mittlerweile ist CSS2.1 verabschiedet, die Verabschiedung von CSS3 ist in Vorbereitung.

6.2.1 Das Prinzip von CSS

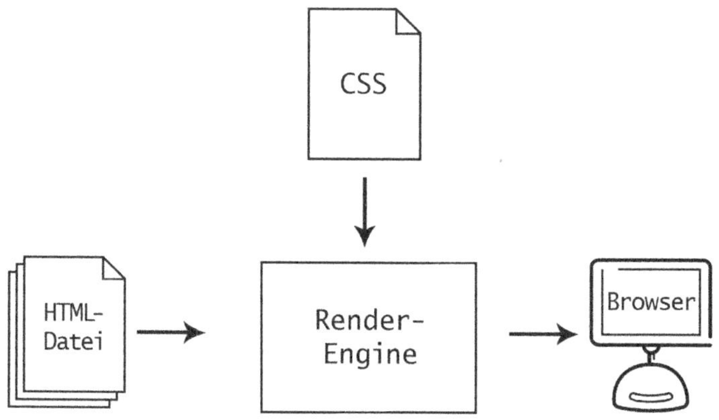

Abb. 35: Das Prinzip der Formatierung über CSS

Jeder Webbrowser beherrscht CSS

Wie in Kapitel 6.1.1 beschrieben, ist in jedem Browser und jedem Lesegerät bereits eine Formatierungsregel für jedes HTML-Element hinterlegt. Wir können diese Aussage nun etwas präziser fassen: In jedem Browser und jedem Lesegerät ist bereits ein vollständiges CSS-Stylesheet hinterlegt, das eine Standard-Formatierung für jedes HTML-Element vorgibt.

Basisregeln werden von eigenen Regeln überschrieben

Gibt man einer HTML-Seite eigene Formatierungsregeln mittels CSS mit, werden diese Initialwerte überschrieben. Die endgültige Formatierung setzt sich also aus einer Mischung aus Initialwerten und eigenen Formatierungsregeln zusammen. Auch die eigenen Formatierungsregeln können mehrstufig aufgebaut sein: Zunächst hinterlegt man »Basisregeln«, die für ein ganzes Werk gelten sollen. Diese Basisregeln werden dann von konkreteren Regeln für bestimmte Einzelfälle überschrieben. Dieses Überschreiben von Regeln – es gilt immer: die konkrete Regel überschreibt die allgemeine – wird als Kaskadieren bezeichnet. Daher hat CSS den Namen.

6.2.2 CSS einbinden

Bevor wir uns der Syntax von CSS und damit der konkreten Formatierung von Webseiten und E-Books zuwenden, müssen wir noch klären, wie die CSS-Information in die HTML-Datei gelangt, so dass der Browser die entsprechenden Formatierungsregeln überhaupt kennt.

Merke
Es gibt insgesamt drei Möglichkeiten, eine HTML-Datei mit CSS-Stilen anzureichern:
- Die Definition der CSS-Stile per style-Attribut
- Die Angabe der CSS-Stile im style-Element
- Das Einbinden der CSS-Stile über das link-Element

Die »unmittelbarste« Möglichkeit, einen CSS-Befehl abzusetzen, ist das `style`-Attribut. Es kann bei (fast) jedem HTML-Element eingesetzt werden und führt dazu, dass genau dieses Element eine spezifische Formatierung erhält:

Beispiel:

```
<p style="color:blue">Ich bin ein Absatz</p>
```

Diese Form der Formatierung ist die konkreteste, d. h. sie überschreibt in der Kaskade alle anderen Style-Informationen (Ausnahme: Im Stylesheet wird eine Regel ausdrücklich mit »`!important`« gekennzeichnet, dann überschreibt dies wiederum auch die Regeln aus den `style`-Attributen). Es ist aber auch die unsystematischste, von deren Gebrauch hier ausdrücklich abgeraten wird, solange es andere, systematischere Möglichkeiten der Formatierung gibt. Wird der HTML-Code direkt mit Stilinformationen angereichert, so ist die gewünschte Trennung von Struktur und Layout zerstört: Beide Informationen liegen wieder in einer Datei. Jede Korrektur erfordert den Eingriff direkt in den Content, eine Mehrfachverwertung wird deutlich erschwert.

Weitaus systematischer ist das Einbetten von Stilinformationen über das `<style>`-Element, das in den `<head>`-Bereich einer HTML-Datei geschrieben wird:

Beispiel:

```
<html>
  <head>
    <style type="text/css">
      p {
        color:blue;
        }
```

```
    </style>
  </head>
  (...)
</html>
```

Im <style>-Element lässt sich nicht nur eine einzelne Formatierungsregel, sondern ein komplettes CSS-Stylesheet abbilden. Die dort formulierten Regeln überschreiben die Voreinstellungen des Browsers, wirken sich dann auf die gesamte HTML-Datei aus und werden ihrerseits nur von CSS-Angaben in @style-Attributen überschrieben.

Für die Formatierung einer einzelnen HTML-Datei ist dieses Vorgehen gut – in dem Moment, wo wir (wie es auch bei E-Books in der Regel der Fall ist) mehrere HTML-Seiten nach demselben Stylesheet formatieren wollen, kommt aber auch diese Verfahren an seine Grenzen: In jede einzelne HTML-Datei müsste der CSS-Code einkopiert werden; bei Änderungen am Stylesheet müssten hunderte von HTML-Dateien korrigiert werden.

Deshalb gibt es noch die dritte und systematischste Variante: Die Einbindung der Stilinformationen per <link>-Element.

Das <link>-Element ist, genau wie das <style>-Element auch, ein Kindelement von <head>. Es enthält jedoch nicht die Stilinformationen selbst, sondern lediglich einen Verweis auf eine externe CSS-Datei:

Beispiel:

```
<html>
  <head>
    <link rel="stylesheet" media="screen"
    title="NameDesStylesheets" href="dateiname.css"
    type="text/css"/>
  </head>
  (...)
</html>
```

Auch hier gilt die Kaskadierungsregel: Das externe Stylesheet überschreibt die Angaben der browserinternen Initialwerte, es wird seinerseits von einem internen Stylesheet (mit <style>) überschrieben, das wiederum vom style-Attribut überschrieben werden kann.

Info:
Attribute des link-Elements

rel-Attribut:
- Angabe der Beziehung des Dokuments
- Browser erkennt: es gibt ein Stylesheet, das auf das Dokument angewendet werden soll

media-Attribut:
- Angabe des Ausgabemediums, für welches das Stylesheet gilt
- Bei Layout-Änderungen müssen mehrere Dokumente angepasst werden

href-Attribut:
- Referenzieren des Stylesheets mittels URI (= Uniform Ressource Identifier. Zeichenfolge, die zur eindeutigen Identifikation einer Ressource dient – hier in der Regel in Form einer Web-Adresse.)

title-Attribut:
- Gibt dem Stylesheet einen Namen
- moderne Browser stellen dem Benutzer über den `title` alternative Stylesheets zur Auswahl

Die Verwendung eines externen Stylesheets und dessen Einbindung über das <link>-Element ist die systematischste Möglichkeit, HTML-Seiten und E-Books zu formatieren und wird hier für jede Form von Verlagscontent ausdrücklich empfohlen. Es ist sehr viel einfacher, eine zentrale CSS-Datei zu korrigieren, als in den HTML-Code vieler Seiten eingreifen zu müssen.

Einbetten mehrerer Stylesheets

Daneben besteht auch die Möglichkeit, mehrere externe Stylesheets einzubetten. Diese Technologie wird zur Zeit unter dem Schlagwort »responsives Layout« sehr vorangetrieben. Durch das Auslesen der Lesegeräte-Informationen ist es möglich, für jedes Lesegerät (Smartphone, Tablet-PC, Bildschirm) ein eigenes, optimiertes CSS bereitzustellen. Die selbe HTML-Seite sieht dann, je nach Ausgabegerät, möglicherweise völlig unterschiedlich aus. Diese Unterscheidung lässt sich sogar für die Ausrichtung des Lesegerätes vornehmen, also abhängig davon, ob ein Tablet-PC gerade im Hochformat oder quer gehalten wird.

Festgelegt wird das über das `media`-Attribut innerhalb des `<link>`-Elements. Das `media`-Attribut kann darüber hinaus aber auch noch weitere Werte annehmen. So lässt sich z. B. mit `media=print` ein eigenes Stylesheet für die Ausgabe der HTML-Seite auf dem Drucker hinterlegen, ebenso aber auch Ausgabeformen für Blindenschrift-Ausgabegeräte (`media=braille`), Sprachbrowser (`media=aural`) und andere.

6.2.3 CSS – die Syntax

Eine CSS-Datei ist – genau wie alle anderen W3C-Technologiestandards (XML, HTML, DTD etc.) – eine offene, mit jedem Texteditor bearbeitbare Textdatei in Unicode-Codierung. Damit erfüllt sie die Anforderungen der Plattformneutralität und kann auf jedem Browser und E-Book-Lesegerät gelesen werden. Die Syntax ist vom W3C festgelegt.

Die CSS-Regel

Eine CSS-Datei nennt man ein Stylesheet. Es besteht aus einer oder mehreren Regeln. Die Regel bildet das Grundkonstrukt eines Stylesheets. Sie hat immer folgenden Aufbau:

```
Selektor  { Deklarationsblock }
```

Der Selektor gibt an, was formatiert werden soll – in der Regel ein Element, eine Klasse oder eine Kombination aus beidem. Der Deklarationsblock, der immer in geschweiften Klammern steht, gibt an, welche Formatierung angewendet werden soll.

Der Deklarationsblock besteht aus einer oder mehreren Deklarationen, die jeweils durch ein Semikolon abgeschlossen werden:

```
Selektor  { Deklaration1;
            Deklaration2;
            Deklaration3; }
```

Die einzelne Deklaration wiederum enthält eine konkrete Formatierungsanweisung. Sie besteht immer aus einer Eigenschaft und einem Wert, die durch einen Doppelpunkt voneinander getrennt sind:

```
Selektor  { Eigenschaft1: Wert1;
            Eigenschaft2: Wert2;
            Eigenschaft3: Wert3; }
```

Ein Stylesheet kann beliebig viele solcher Regeln enthalten; die Reihenfolge der Regeln im Stylesheet ist dabei unerheblich (Ausnahme: werden zwei Regeln mit demselben Selektor angegeben, kommt die weiter unten im Stylesheet stehende Regel zum Einsatz).

Beispiel:

```
p { color: red;
    font-size: 12px;
    text-indent: 20px; }
```

Diese Regel würde dazu führen, dass alle Absätze (Selektor: p) in roter Farbe (`color: red`), 12 Pixel Schriftgröße (`font-size: 12px`) und mit einem Erstzeileneinzug von 20 Pixel (`text-indent: 20px`) formatiert werden. Alle anderen Eigenschaften, die ein Absatz darüber hinaus noch besitzt (z. B. Schriftart, Zeilenabstand, Buchstabenabstand, Leserichtung etc.) werden weiterhin von den Initialwerten des Browsers vererbt. Es ist also nicht erforderlich (und auch gar nicht sinnvoll), eine »vollständige« Regel zu verfassen, in der sämtliche zulässigen Werte angegeben werden. Das nachfolgende Beispiel mag das nochmals vertiefen:

Beispiel:

```
h1, h2, h3 { color: blue;
             border: 1px solid black; }
```

Diese Regel enthält einen etwas komplexeren Selektor (`h1, h2, h3`). Hier werden in einer gemeinsamen Regel Deklarationen für die Überschriften der Stufe 1, 2 und 3 angegeben. Man könnte nun meinen, dass damit die drei Überschriftsebenen identisch aussehen – das ist aber nicht der Fall. Vielmehr behält jede Überschrift alle ihre Initialwerte bei, die nicht ausdrücklich überschrieben werden – so auch die Schriftgröße. Die Regel aus unserem Beispiel sorgt also ausschließlich dafür, dass die drei Überschriften h1, h2 und h3 dieselbe Textfarbe (`color: blue`) und jeweils einen 1 Pixel breiten, durchgezogenen schwarzen Rahmen (`border: 1px solid black`) erhalten.

Info

Die meisten Eigenschaften sind von ihrer (stets englischsprachigen) Bezeichnung her eindeutig gehalten. Schon mit einem Set von etwa 20 Eigenschaften und den entsprechenden Werten lassen sich die meisten Formatierungen erzielen. In der Summe gibt es freilich weit mehr als 100 Eigenschaften, für die es gute Referenzen im Web gibt, wie z. B. `de.selfhtml.org` oder `www.css4you.de`

Einige der wichtigsten CSS-Deklarationen fasst der nachfolgende Ausschnitt aus einem CSS-Stylesheet zusammen:

Beispiel:

```
p {      font-family: Verdana,Arial,sans-serif;
         font-size: 9px;
         font-weight: bold;
         line-height: 1.5;
         text-indent: 20px;
         margin-bottom: 5px;
         color: green;
         background-color: #CCCCCC;
}
img {    width: 200px;
         height: 150px;
         float: right;
         margin: 10px;
}
div {    background-image: url(../images/bg.jpg);
         border: 1px solid black;
         padding: 5px;
}
a {      font-style: italic;
         font-decoration: none;
}
```

Merke:

Erläuterung der CSS-Eigenschaften

font-family	= Wahl der Schriftart,
font-size	= Schriftgröße
font-weight	= Schriftstärke
line-height	= Zeilenabstand
text-indent	= Erstzeileneinzug
margin-bottom	= Abstand am unteren Rand (des Absatzes)
color	= Schriftfarbe
background-color	= Hintergrundfarbe
width	= Breite (hier: des Bildes)
height	= Höhe
float	= Umfließen des Bildes mit Text (hier: Das Bild soll rechts stehen und links mit Text umflossen werden)
margin	= Außenabstand (rings um das Bild)
background-image	= Hintergrundbild
border	= Rahmen (hier: eine 1px breite, durchgezogene schwarze Linie)
padding	= Innenabstand (d.h. Abstand des im Rahmen stehenden Textes zum Rahmen selbst)
font-style	= Schriftform
font-decoration	= weitere Schriftauszeichnung (hier: keine Unterstreichung)

6.2.4 Die Maßeinheiten in CSS

CSS erlaubt viele unterschiedliche Maßeinheiten, um Container, Abbildungen, Schriften, etc. zu formatieren und zu gestalten.

Die wichtigsten sind:

- Absolute Pixelwerte → Einheit »px«
- Prozentwerte → Einheit »%«
- Geviert-Teile → Einheit »em«

Info
Neben diesen Werten sind auch die metrischen Werte »cm«, »mm«, »pt« zulässig. Diese Einheiten sollten für elektronische Publikationen nicht verwendet werden, da die unterschiedlichen Bildschirme über verschiedene Auflösungen verfügen. Die Einheiten px, % und em nehmen darauf Rücksicht und werden – je nach Auflösung des Ausgabegeräts – unterschiedlich groß dargestellt. Die absoluten, metrischen Werte wie cm führen in aller Regel zu Fehldarstellungen am Bildschirm.

Einheit »em«

Besonders interessant ist die Einheit »em«. `1em` entspricht 100% der Schriftgröße des übergeordneten Eltern-Elements – in der Print-Typographie entspricht das in etwa einem Geviert. Die Schriftgröße wird zusammen mit anderen Angaben von den Elternelementen an die Kindelemente weitervererbt, solange, bis eine neue, fixe Größe (in Pixeln) angegeben wird.

Legt man also die Grundschrift-Größe im CSS-Stylesheet einmalig für `<html>` oder `<body>` in Pixeln an, kann danach durchgängig die Maßeinheit `em` verwendet werden.

Der Vorteil dieser Maßeinheit besteht vor allem darin, dass bei gewünschten Änderungen der Schriftgröße für die Darstellung nur ein einziger Wert verändert werden muss und sich alle anderen Angaben – Zeilenabstände, Überschriftengrößen und -abstände, Sperrungen etc. auf diesen Wert beziehen und automatisch und typographisch korrekt mit verändern – während andere Werte, die fest in Pixel (`px`) kodiert wurden, z. B. die Breite einer Abbildung, nicht mit skaliert werden. So bleibt die grundsätzliche Seitengeometrie einer HTML-Seite erhalten, während die Schriftgrößen innerhalb der Seite veränderbar bleiben.

Beispiel:

```
<html>
  <head>(...)</head>
  <body style="font-size:10px;">
    <p style="font-size:1em;">Text in 10px Größe</p>
    <p style="font-size:1.5em;">Text in 15px Größe</p>
    <div style="font-size:0.8em;">
      <h2 style="font-size:3em;">Überschrift in 24px Größe
      </h2>
      <p>Text in 8px Größe</p>
    </div>
  </body>
</html>
```

Codierung von Schriftgrößen über das `style`-Attribut (der Einsatz des `style`-Attributs als Träger der CSS-Information wird als Technologie nicht empfohlen und soll hier nur der Veranschaulichung dienen)

Beispiel:

```
body {
      font-size: 10px;
}
h2 {
      font-size: 2em;
      /* 2 × 10px = 20px (bezieht sich auf body font-size) */
      line-height: 1.5em;
      /* 1.5 × 20px = 30px (bezieht sich auf font-size) */
      margin-top: 2em;
      /* 2 × 20px = 40px (bezieht sich auf font-size) */
}
```

Beispiel eines CSS-Stylesheets, bei dem die Grundschrift auf 10px festgelegt wurde (Selektor `body`) und sich alle anderen Maßangaben darauf beziehen.

Kommentare in CSS

Die Codierungen `/* ... */` umschließen Kommentare innerhalb von CSS.

6.2.5 Farben in CSS definieren

Wenn wir von Farben in elektronischen Medien sprechen, ist es zunächst wichtig sich klarzumachen, dass wir uns stets im additiven Farbraum, also im RGB-Farbmodell bewegen. Alle Farben bauen sich also aus Anteilen von rotem, grünem und blauem Licht auf. Eine Farbabbildung, die für den Druck aufbereitet wurde, ist hingegen im subtraktiven Farbmodell aufgebaut, besteht also aus Anteilen von Cyan, Magenta, Gelb und Schwarz. Diese Abbildungen müssen für die Darstellung in elektronischen Medien zunächst umgewandelt werden.

Schlüsselbegriffe

Die einzelnen Farben können in CSS auf verschiedene Arten definiert werden. Für häufig verwendete Grundfarben haben sich Schlüsselbegriffe etabliert, die jeder Browser kennt. Insgesamt gibt es 140 dieser *Keywords* (17 HTML-Standardfarben + 123 weitere Definitionen), wobei viele davon sprachlich nicht mehr klar zu unterscheiden sind (»cornflowerblue«, »dodgerblue« etc.)

Hexadezimal-Schreibweise

Am verbreitetesten ist die Angabe der Farbwerte in Hexadezimal-Schreibweise. Um eine Farbe zu definieren, werden ihre Rot-, Grün- und Blauanteile angegeben, und zwar je Farbkanal mit einem Byte Speichertiefe. Der Farbwert besteht also aus einer Folge von sechs Hexadezimalzeichen (jeweils mit den Werten von 0 bis F), denen ein Nummernzeichen vorangestellt wird. Die möglichen Farbwerte variieren somit von #000000 bis #FFFFFF. Die ersten beiden Zeichen nach dem Nummernzeichen stehen für die Rotanteile der Farbe, die beiden mittleren für die Grünanteile und die beiden letzten für die Blauanteile.

Info:

Keywords: `black, white, red, green, orange`
`color: orange;`

Hexadezimal: `#000000, #FFFFFF, #FF0000, #00FF00, #FFA500`
`color: #FFA500;`

RGB-Code: `255,255,255 ; 0,0,0 ; 255,0,0 ; 0,255,0 ; 255,165,0`
`color: rgb(255, 165, 0);`

Der Code `#00FF00` entspricht somit dem Farbwert »Grün« (0 von 256 Anteilen Rot, 256 von 256 Anteilen Grün, 0 von 256 Anteilen Blau).

Über dieses Prinzip sind 256 × 256 × 256=16,8 Mio. Farben darstellbar – das Farbenspektrum, das jede moderne Grafikkarte wiedergeben kann.

Dezimale Schreibweise

Es gibt auch die Möglichkeit, anstelle des Hexadezimalwerts die Dezimalschreibweise zu verwenden. Die Syntax lautet dann wie folgt: `color: rgb(255, 165, 0);`

Name	Wert/Farbe
Aqua	#00FFFF
Black	#000000
Blue	#0000FF
Fuchsia	#FF00FF
Gray	#808080
Green	#008000
Lime	#00FF00
Maroon	#800000
Navy	#000080
Olive	#808000
Orange	#ffA500
Purple	#800080
Red	#FF0000
Silver	#C0C0C0
Teal	#008080
White	#FFFFFF
Yellow	#FFFF00

Abb. 36: Die 17 Standardfarben von HTML

6.2.6 Schriften definieren in CSS

Um Schriftarten anzugeben, gibt es in CSS drei verschiedene Möglichkeiten. Zunächst gibt es die Standardwerte: Hier wird nicht direkt eine Schriftart ausgewählt, sondern lediglich die Schriftgruppe, die verwendet werden soll. Da jeder Browser für jede Schriftgruppe eine Standard-Schrift hinterlegt hat, kann so sichergestellt werden, dass die Darstellung zumindest der Grundintention des Gestalters entspricht.

Info:

Die möglichen Standardwerte für Schriftarten lauten

```
serif
sans-serif
monospace
cursive
fantasy
```

Die zweite Möglichkeit sind die Systemschriften. Hier wird der Name der Schrift angegeben, die auf dem System installiert ist. Da es eine ganze Reihe von Standard-Schriften gibt, die auf (fast) jedem Rechner vorhanden sind, ist dies eine gute und probate Möglichkeit, die Gestaltung der HTML-Seite zu steuern. Der Gestalter sollte sich dabei allerdings darüber im Klaren sein, dass immer nur die Schriften dargestellt werden können, die auf den Rechnern (Smartphones, Tablet-PCs etc ...) der Endanwender installiert sind.

Es ist verführerisch, sich des Schriftenreichtums zu bedienen, der auf dem eigenen Gerät vorhanden ist – das führt aber häufig zu Fehldarstellungen auf dem Zielgerät. Da man nie mit Sicherheit sagen kann, welche Schriften tatsächlich auf dem Zielgerät vorhanden sind, gibt es in CSS die Möglichkeit, mehrere Schriftarten anzugeben (mit Komma getrennt) und somit eine Fallback-Kaskade aufzubauen. Der Rechner wird dann versuchen, die erste angegebene Schrift einzusetzen. Ist diese auf dem Gerät nicht vorhenden, wählt er die zweite usw. Als letzte Schrift in einer solchen Fallback-Kaskade sollte stets ein Standard-Wert angegeben werden, falls keine der ausgewählten Systemschriften geladen werden kann:

Beispiel:

```
p { font-family: Helvetica, Arial, sans-serif; }
```

Eine relativ neue Möglichkeit stellt die Einbindung eigener Schriften dar. Es handelt sich um eine CSS 3-Methode – es kann also noch nicht garantiert werden, dass diese Methode von allen Geräten verstanden wird. Deshalb sollte auf jeden Fall auch hier der Fallback auf eine Systemschriftart und/oder einen Standardwert angegeben werden.

Tipp

Des Weiteren sind beim Einbinden eigener Schriften die Lizenz- und Nutzungsbedingungen des jeweiligen Schriftanbieters zu beachten. In aller Regel dürfen lizenzpflichtige Schriften nicht ohne weiteres in elektronische Publikationen eingebunden werden (bzw. es werden dafür eigene Lizenzkosten fällig), da sie aus diesen sehr leicht extrahierbar sind. Es gibt jedoch mittlerweile eine ganze Reihe von ästhetisch ansprechenden, sehr gut ausgebauten Open-Source-Schriften, für die diese Methode gut geeignet ist.

Die Einbindung erfolgt in zwei Schritten. Zunächst wird über `@font-face` die Schriftart dem System bekannt gegeben, indem ihr ein eindeutiger Name zugewiesen wird. Im Anschluss kann die Schriftart über diesen Namen ebenso im CSS benutzt werden wie Systemschriften auch:

Beispiel:

```
@font-face {
        font-family: DroidSerif;
        font-style: normal;
        font-weight: normal;
        src: url(fonts/DroidSerif-Regular.ttf);
}
p {
        font-family: DroidSerif, sans-serif;
}
```

6.2.7 Abstände definieren – das Box-Modell

Das sogenannte Box-Modell ist für das Verständnis des Rendering-Prozesses, also des automatischen Umbruchs einer Website, von besonderer Bedeutung. Für den Gestalter ist es wichtig zu verstehen, dass sämtliche Elemente, die auf einer Website dargestellt werden können, für den Browser als Rahmen (Box) fungieren. Eine Website besteht also ausschließlich aus einer Anordnung von rechteckigen Boxen, die einander verdrängen und/oder überlagern. Auch jedes Blockelement (Absätze, Überschriften etc.) ist eine solche Box und kann hinsichtlich Breite, Rahmen sowie Innen- und Außenabständen definiert werden.

Auch hier wird zwischen Inline-Elementen (»Zeichenformaten«) und Block-Elementen (»Absatzformaten«) unterschieden. Ein Element wird dadurch zum Block-Element, dass es mit der CSS-Deklaration `display: block` versehen ist. Ein solches Element dehnt sich stets am Bildschirm so breit aus, wie es möglich ist (also bis zum rechten Bildschirmrand, bis es an ein anderes Element anstößt, oder so breit, wie das Element über die Eigenschaft `width` definiert wurde) und wird mit einem Zeilenwechsel abgeschlossen. Ein Inline-Element (markiert über `display: inline`) hingegen umschließt den Text so eng wie möglich – es dehnt sich also nicht aus – und beinhaltet keinen Zeilenwechsel.

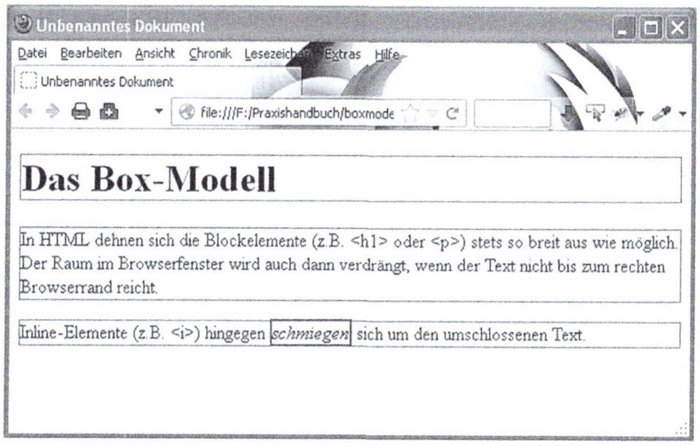

Abb. 37: Das Prinzip von Block- und Inline-Elementen in HTML: Blockelemente dehnen sich bis zum Browserrand aus und führen zu einem Zeilenwechsel, Inlineelemente umschließen den Text so eng wie möglich

Merke
Das Box-Modell in CSS sieht für jeden Rahmen insgesamt drei Haupteigenschaften vor: den Außenabstand, die Beschaffenheit des Rahmens selbst und den Innenabstand. Die entsprechenden Eigenschaften lauten `margin`, `border` und `padding`.

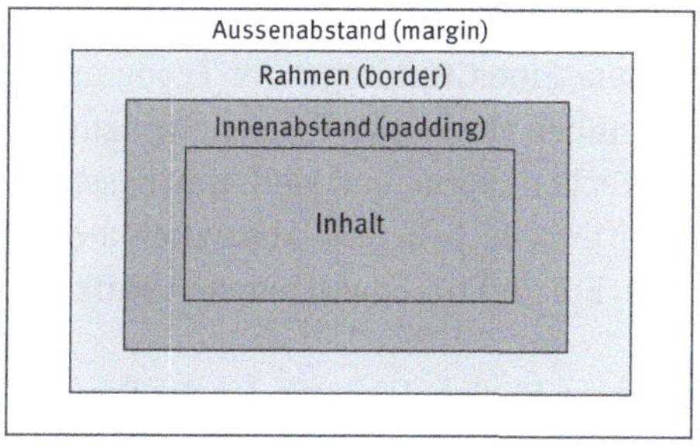

Abb. 38: Das Box-Modell in HTML

Jede dieser Eigenschaften lässt sich noch weiter differenzieren, indem man die einzelnen Seiten der Box separat mit den Eigenschaften `margin-top`, `margin-left`, `margin-bottom` und `margin-right` (`border` und `padding` entsprechend) anspricht.

Die Eigenschaft `border` besteht darüber hinaus aus drei Teilaspekten, nämlich `border-width` (Breite des Rahmens), `border-color` (Farbe des Rahmens) und `border-style` (Art der Rahmenlinie). Kombiniert mit der Möglichkeit, jede Seite des Rahmens separat anzusprechen, gibt es also eigentlich 12 Eigenschaften für einen Rahmen: `border-right-color`, `border-top-style` etc.

Wichtig

Wichtig (und zunächst ungewohnt) ist dabei die Feststellung, dass die Breite einer Box, die mit `width` angegeben wird, stets nur die Breite des Inhaltsbereichs angibt, nicht – wie man vermuten könnte – die Breite des Rahmens, der den Inhalt trägt.

Ein Rahmen, der wie folgt definiert ist

Beispiel:

```
div{ width: 600px;
     padding: 10px;
     border: 1px solid black;
     margin: 20px; }
```

nimmt also einen Gesamtraum von 600px + 2 × 10px (padding-left und padding-right) + 2 × 1px (border-left-width und border-right-width) + 2 × 20px (margin-left und margin-right) = 662px ein.

6.2.8 Die Selektoren in CSS

Bislang haben wir uns vor allem mit dem Deklarationsblock in CSS beschäftigt, also dem Teil, in dem die eigentlichen typographischen Angaben gemacht werden. Die Deklarationen entsprechen weitestgehend der Herangehensweise, wie wir sie von Layoutprogrammen auch kennen, nämlich der Zuordnung von Werten zu bestimmten typographischen Eigenschaften.

Viel interessanter – und häufig viel zu wenig ausgeschöpft – sind die Möglichkeiten, die der Selektor zu bieten hat. Hier nämlich kommen die Besonderheiten eines XML-Strukturbaumes zum Tragen: Es lassen sich bestimmte Elemente viel präziser ansprechen, als das in den Layoutprogrammen der Fall ist.

Ein einfaches Beispiel soll das verdeutlichen: Eine Grundregel der Typographie besagt, dass Absätze nach Überschriften, Einschüben etc. keinen Erstzeileneinzug erfahren, selbst wenn alle anderen Absätze entsprechend formatiert sind. Um diesen Effekt zu erzielen, ist es in den Layoutprogrammen erforderlich, zwei Absatzformate anzulegen (Absatz_mit_Einzug und Absatz_ohne_Einzug) und dann jedem Absatz das richtige Format zuzuweisen.

In XML (und damit auch in XHTML) geht das sehr viel eleganter: Da der Browser in der Lage ist, den jeweiligen Absatz in Relation zu seiner Umgebung zu identifizieren, lässt sich eine Regel (präziser: ein CSS-Selektor) definieren, der besagt: »Immer, wenn ein Absatz <p> ein unmittelbar nachfolgendes Geschwisterelement zu <h1>, <h2> (...) ist, soll er ohne Erstzeileneinzug dargestellt werden«

Die entsprechende Regel könnte wie folgt lauten (die Kodierung »`/* ... */`« stellt einen Kommentar innerhalb von CSS dar):

Beispiel:

```
/* Alle Absätze erhalten einen Erstzeileneinzug von 10px */
p{ text-indent: 10px}
/* Absätze, die unmittelbar auf eine Überschrift der Stufe 1-3
folgen, erhalten hingegen keinen Erstzeileneinzug */
h1+p, h2+p, h3+p {text-indent: 0px;}
```

Betrachten wir die Selektoren also etwas genauer. Den einfachsten Selektortyp haben wir schon kennengelernt, nämlich den sogenannten Elementselektor. Hierbei wird schlicht der Name des Elements angegeben, das formatiert werden soll:

```
p           {font-size: 10px;}
```

Über Kommata lassen sich mehrere Elemente gleichzeitig angeben, auf die die selben Deklarationen angewendet werden sollen:

```
h1, h2, h3     {color: #00FF38;}
```

Styling von Klassen und IDs

Sollen nicht Elemente, sondern Klassen (<p class="wichtig">, vgl. Kap. 6.1.5) angegeben werden, wird dem Selektor ein Punkt (ohne Leerzeichen) vorangestellt. Für die Auswahl einer ID (<div id="navigation">) wird dem Selektor ein Nummernzeichen vorangestellt:

Beispiel:

```
.wichtig      {text-decoration: underline;}
#navigation   {width: 400px;}
```

Eine Besonderheit stellt der sogenannte »Universalselektor« dar. Er wird mit einem Sternchen gekennzeichnet. Die ihm zugewiesenen Deklarationen wirken sich auf sämtliche Elemente aus. Dieser Selektor wird in der Regel nur verwendet, um gezielt die Voreinstellungen der Browser hinsichtlich der Innen- und Außenabstände zu überschreiben (sie müssen danach allerdings sämtlich im CSS definiert werden)

Beispiel:

```
*            {padding: 0px;
              margin: 0px}
```

Kombinatoren

Mit Hilfe von Kombinatoren lassen sich komplexe Abhängigkeiten von Elementen darstellen. Der gebräuchlichste ist hierbei der sogenannte Nachfahr-Kombinator. Er wird durch ein Leerzeichen zwischen den beiden abhängigen Elementen dargestellt.
Der Selektor im nachfolgenden Beispiel liest sich als »alle Absätze <p>, die innerhalb von <div class="zitat"> stehen«:

Beispiel:

```
div.zitat p  {font-size: 0.8em;}
```

Neben dem Nachfahr-Kombinator (Leerzeichen) sind vor allem noch der Direkten-Nachbar-Kombinator (durch ein Pluszeichen dargestellt) und der Kind-Kombinator (durch ein »>«-Zeichen dargestellt) gebräuchlich. Letzterer unterscheidet sich vom

Nachfahr-Kombinator dadurch, dass nur direkte Kindelemente, nicht aber alle Nachfahren des umschließenden Elements ausgewählt werden.

Beispiel:

```
/* alle Absätze <p>, die unmittelbar auf <h1> folgen */
h1+p          {text-indent: 0px;}
/*alle Listenelemente <li>, die direkte Kindelemente von
<ul class="navi"> sind */
ul.navi>li    {display: inline;}
```

Pseudoklassen

Eine weitere interessante Möglichkeit des Stylings bieten sogenannte Pseudoklassen. Sie werden durch einen vorangestellten Doppelpunkt gekennzeichnet, danach folgt ein definierter Schlüsselbegriff. Die gebräuchlichsten sind `:link`, `:visited` und `:hover`. Sie wirken wie eine Klasse, sind aber nicht in den Daten als solche ausgezeichnet. Vielmehr sollen sie nur bei bestimmten Zuständen oder Aktionen greifen:

Beispiel:

```
/* ein unbesuchter Link wird mit a:link formatiert */
a:link        {color: green;}
/*ein besuchter Link wird mit a:visited formatiert */
a:visited     {color: blue;}
/*ein Link soll sein Aussehen verändern, wenn man mit der Maus
darüberfährt: */
a:hover       {text-weight: bold;}
```

Struktur-Pseudoklassen

Des Weiteren gibt es noch sogenannte »Struktur-Pseudoklassen« (z. B. `:first-child`), und »Struktur-Pseudoelemente« (diese mit »::« gekennzeichnet), die ein Element abhängig von seiner Position in der Struktur auswählen. `::first-line`, `::first-letter`, `::before` und `::after` sind hier die wichtigsten Vertreter.

Beispiel:

```
/* nach jedem Rezept soll automatisch "Guten Appetit!" ergänzt
werden */
div.rezept::after {content:"Guten Appetit!"; }
```

Durch die Kombination all dieser Bestandteile, aus denen ein Selektor aufgebaut werden kann, lassen sich sehr komplexe Regeln für das Styling definieren:

»Der Urheber eines Mottos soll nur sichtbar sein, wenn man mit der Maus über das Motto fährt«:

Beispiel:

```
<div class="motto">
   <p>Es gibt nichts Gutes,<br/>
   Außer: Man tut es </p>
   <p class="autor">Erich Kästner</p>
</div>
```

Zugehöriges CSS:

```
/*zunächst wird der Absatz <p class="autor">
mit display: none unsichtbar geschaltet.
Über die Pseudoklasse :hover (beim Elternelement!)
wird der Absatz wieder sichtbar
(display: block) */
div.motto p.autor          {display: none;}
div.motto:hover p.autor    {display: block;}
```

6.3 EPUB und MobiPocket

Mit dem oben vermittelten Wissen über XML, XHTML und CSS ist es nun ein Leichtes, das EPUB-Format zu verstehen – besteht es doch (fast) ausschließlich aus diesen Technologien und verbindet sie zu einem kompakten, einfach zu bedienenden und robusten Standard für die Darstellung von Inhalten auf elektronischen Endgeräten.

PDF als E-Book

Viele Jahre wurde das Druckvorstufen-Zielformat PDF auch als Ausgabeformat für elektronische Publikationen verwendet. Es gibt bis heute Publikationen, bei denen PDF das Format der Wahl ist – vor allem solche mit sehr komplexem Seitenaufbau, der sich auch bei der Bildschirmdarstellung nicht verändern darf. Mit der Vielfalt der Endgeräte und deren verschiedenen Bildschirmgrößen und -auflösungen kommt das PDF-Format aber an seine Grenzen. Um die verschiedenen Endgeräte gleichermaßen gut zu unterstützen, bedarf es eines anderen Datenformats, das die Darstellung der Inhalte dynamisch an die Displaygröße anpassen kann – ähnlich wie ein Browser im Internet auch.

Wir sprechen hier von »reflowable text«, also einem dynamischen, floatierenden Datenformat, das zwar die gleichen Inhalte wie die Printpublikation umfasst, bei dem die Formatierung jedoch erst auf dem Endgerät erfolgt (im Gegensatz zu PDF, das bereits das Ergebnis eines Formatierungsprozesses ist). Dies schließt auch explizit den Zeilen- und Seitenumbruch einer Publikation mit ein, der auf einem Endgerät mit kleiner Displaygröße selbstverständlich von dem der Printpublikation abweichen können sollte. Auch die Platzierung von Bildern oder Tabellen auf einer Seite muss dynamisch gehalten werden, so dass der Leser möglichst gut zu diesen Objekten hin navigieren kann.

Verändertes Leseverhalten

Mit der Etablierung der Lesegeräte verändert sich auch das Leseverhalten. Als eine der wichtigsten Eigenschaften der E-Book-Formate wird mittlerweile angesehen, dass der Leser die Schriftgröße selbst festlegen kann und damit seinen Lesegewohnheiten und – ganz wichtig – seiner Sehschärfe anpassen kann. Viele Leser lesen tagsüber einen Text in einer relativ kleinen Schrift, während sie abends beim Schmökern im Bett bei ermüdeten Augen die Schrift größer schalten. Für diese Funktionalität ist das PDF das falsche Format.

Das bekannteste floatierende Datenformat ist (X)HTML in Verbindung mit CSS. Es ist also nicht verwunderlich, dass die beiden wichtigsten E-Book- Formate EPUB und MobiPocket auf XHTML und CSS basieren.

Das Format EPUB wurde 2007 vom International Digital Publishing Forum (IDPF) entworfen und ist damit im Gegensatz zu MobiPocket ein offener Standard.

MobiPocket ist ein proprietäres Format. Bei einem MobiPocket-Dokument handelt es sich um eine geschlossene Binärdatei, die von einem MobiPocket-Generator (kostenfreie proprietäre Software) erzeugt wird. EPUB hingegen ist ein offenes Format – die Spezifikation ist jedermann zugänglich.

Im Folgenden wollen wir zunächst auf den technischen Aufbau einer EPUB-Datei eingehen.

6.3.1 Der Aufbau eines EPUB-Dokuments

Im Oktober 2007 verabschiedete das International Digital Publishing Forums (IDPF) drei offizielle Standards, die unter dem gebräuchlichen Namen EPUB zusammengefasst sind. EPUB besteht demnach aus

- dem Standard OCF (Open Container Format), der sich um die Verwaltung und Organisation der für ein EPUB-Dokument benötigten Dateien kümmert;
- dem Standard OPF (Open Packaging Format), der sich mit dem Aufbau und der Kompression eines EPUB-Dokumentes beschäftigt;
- sowie dem Standard OPS (Open Publication Structure) für die eigentlichen Inhaltsdaten von EPUB-Dokumenten.

Ein EPUB-Dokument besteht im Kern aus einer festen Verzeichnisstruktur sowie einer Reihe von Steuerdateien – und natürlich den eigentlichen Inhaltsdokumenten (in HTML) und deren Formatierungsinformation (in CSS). Die Steuerdateien selbst sind – bis auf die Standard-Datei mimetype – sämtlich XML-Dateien.

Alle Dateien sind zu einem Zip-Dokument zusammengefasst und komprimiert.

Tipp
Jedes EPUB-Dokument lässt sich mit wenigen Handgriffen (*rechte Maustaste: Umbenennen*) in ein ZIP-Dokument umbenennen und anschließend entpacken.

Entpackt man das EPUB, kommt beispielsweise folgende Dokument- und Verzeichnisstruktur zum Vorschein:

```
mimetyp
META-INF/
  container.xml
meinOrdner/
  meinBuch.opf
  meinBuch.ncx
  meinBuch.css
  meinKapitel1.html
  meinKapitel2.html
  ...weitere html-Files für weitere Kapitel
```

Die Datei `mimetype` (sie muss diesen Namen tragen) gibt dem Lesegerät oder der Lesesoftware an, dass es sich beim vorliegenden Dokument um ein EPUB-Dokument handelt.

Info
MIME steht für Multipurpose Internet Mail Extensions. Der MIME-type klassifiziert den Inhalt einer Internet-Datei. Auf diese Weise wird z. B. einem Browser mitgeteilt, welche Art von Daten gerade vom Server gesendet werden (etwa HTML, txt oder auch eine PNG-Grafik).

Die mimetype-Datei ist eine reine Text-Datei. Sie enthält in einem EPUB immer genau folgenden Wortlaut:

```
application/epub+zip
```

Die nächste, vom Aufbau her vorgegebene Datei ist die Datei `container.xml`, die in einem Ordner mit dem Namen `META-INF` liegen muss. Diese Datei ist der Einstiegspunkt jeder Lesesoftware. Sie ist eine XML-Datei mit folgendem vorgegebenen Aufbau:

Beispiel:

```
<?xml version="1.0" encoding="UTF-8" ?>
<container version="1.0"
xmlns="urn:oasis:names:tc:opendocument:xmlns:container">
  <rootfiles>
    <rootfile full-path="meinOrdner/meinBuch.opf"
    media-type="application/oebps-package+xml">
    </rootfile>
  </rootfiles>
</container>
```

Die Datei container.xml enthält im Wesentlichen den Verweis auf die OPF-Datei der Publikation in unserem Beispiel in der Zeile

```
<rootfile full-path="meinOrdner/meinBuch.opf" (...)>.
```

Die OPF-Datei (`content.opf`) wiederum enthält die Angaben, welche Dokumente (Metadaten, Text, Formatierungsanweisungen, Bilder oder Fonts) zum EPUB-Dokument gehören, wo sie liegen und in welcher Reihenfolge sie präsentiert werden. Jedes OPF-Dokument beginnt mit einem `<package>`-Element und untergliedert sich in drei Bestandteile:

- Metadaten für das Dokument, repräsentiert durch das Element `<metadata>`
- Auflistung aller zum EPUB-Dokument gehörenden Dokumente, abgebildet im Element `<manifest>`
- Festlegung der Reihenfolge bei der Wiedergabe der einzelnen Inhaltsabschnitte, abgebildet im Element `<spine>`.

Die folgenden Codezeilen zeigt einen Ausschnitt aus der Datei `content.opf`:

Beispiel:

```
<?xml version="1.0" encoding="UTF-8" ?>

<package version="2.0" unique-identifier="PrimaryID"
xmlns="http://www.idpf.org/2007/opf">
<metadata xmlns:dc="http://purl.org/dc/elements/1.1/">
  <dc:title>Titel der Publikation</dc:title>
  <dc:identifier id="PrimaryID">ID der Publikation
  </dc:identifier>
  <dc:language>Sprachcode</dc:language>
  <dc:date>Publikationsjahr</dc:date>
  <dc:subject>Genre der Publikation</dc:subject>
</metadata>
```

```
<manifest>
<item   id="kap1"
        href="meinKapitel1.html"
        media-type="application/xhtml+xml"/>

<item   id="kap2"
        href="meinKapitel2.html"
        media-type="application/xhtml+xml"/>

<item   id="page-css"
        href="meinBuch.css"
        media-type="text/css"/>

<item   id="ncx"
        href="meinBuch.ncx"
        media-type="application/x-dtbncx+xml"/>
</manifest>

<spine toc="ncx">
  <itemref idref="kap1" />
  <itemref idref="kap2" />
</spine>

</package>
```

Der Standard OPF greift bei der Formulierung der Metadaten (in `<metadata>`) auf das etablierte Format Dublin Core zurück, das eine Reihe an bibliothekarischen Metadaten wie Titel, Datum usw. liefert.

Innerhalb des Elementes `<manifest>` wird nun auf die für das konkrete E-Book benötigten Dateien verwiesen. Dies sind zum einen die Kapitel `meinKapitel1.html` und `meinKapitel2.html` (die auch tatsächlich als XHTML-Dateien vorliegen müssen), die zugehörigen Formatierungsanweisungen in Form einer CSS-Datei (`meinBuch.css`) und eine Datei, die ein Inhaltsverzeichnis der Publikation zur Verfügung stellt (`meinBuch.ncx`).

Dieses Inhaltsverzeichnis gehört nicht zum eigentlichen Text des Buches (und liegt entsprechend auch nicht als HTML-Datei vor). Vielmehr handelt es sich um eine Steuerdatei (im XML-Format), über die das jeweilige Lesegerät einen Navigationsbaum aufbauen kann, um auf einzelne Kapitel und Unterkapitel zu navigieren. Innerhalb des Elementes `<spine>` muss nun noch die Reihenfolge festgelegt werden, in der die einzelnen Inhaltsdokumente präsentiert werden sollen.

Die ncx-Datei hat folgenden Aufbau:

Beispiel:

```
<?xml version="1.0" encoding="UTF-8"?>
<ncx xmlns="http://www.daisy.org/z3986/2005/ncx/"
version="2005-1">
  <head>
    <meta name="dtb:uid" content="urn:isbn:"/>
    <meta name="dtb:depth" content="3"/>
```

```
        <meta name="dtb:totalPageCount" content="0"/>
        <meta name="dtb:maxPageNumber" content="0"/>
    </head>
    <docTitle>
        <text>Titel des Buches</text>
    </docTitle>
    <navMap>
        <navPoint id="c_1" playOrder="1">
            <navLabel>
                <text>Titel/Name/Überschrift der ersten HTML-Datei,
                so wie er/sie im Inhaltsverzeichnis auftauchen
                soll</text>
            </navLabel>
            <content src="meinKapitel1.html"/>
        </navPoint>
        <navPoint id="c_2" playOrder="2">
            <navLabel>
                <text> Titel/Name/Überschrift der zweiten HTML-
                Datei, so wie er/sie im Inhaltsverzeichnis
                auftauchen soll</text>
            </navLabel>
            <content src="meinKapitel2.html"/>
        </navPoint>
    </navMap>
</ncx>
```

Von diesen organisatorischen Dateien abgesehen besteht das EPUB-Dokument nur noch aus den eigentlichen Inhaltsdaten – HTML, CSS und ggf. Abbildungen. Es ist dabei nicht zwingend erforderlich, ein Buch kapitelweise in HTML-Dokumente aufzuteilen.

Aufsplitten in Einzeldateien

Da einige ältere Lesegeräte aber immer noch Schwierigkeiten mit dem Laden von HTML-Dateien von mehr als 300 Kilobyte pro Einzeldatei haben, bietet es sich an, ein umfangreiches Werk in mehrere Einzeldateien aufzusplitten. Auch für das Erstellen des Inhaltsverzeichnisses tut man sich dann leichter: So kann häufig für jeden Eintrag des Inhaltsverzeichnisses auf eine eigene HTML-Datei verwiesen werden – andernfalls müsste die HTML-Datei mit internen Sprungankern angereichert werden, auf die dann aus dem Inhaltsverzeichnis verwiesen wird.

6.4 Styling von E-Books mit CSS

Die CSS-Regeln können mit allen drei bereits angesprochenen Methoden in das HTML-Dokument eingebracht werden – eine »harte« Formatierung per `style`-Attribut, die Formatierung einer HTML-Datei über das `style`-Element und die Verlinkung zu einer externen CSS-Datei über das `link`-Element. Für eine einheitliche Formatierung des E-Books – bzw. sogar einer ganzen E-Book-Reihe oder des gesamten E-Book-Programms eines Verlages – bietet es sich hier unbedingt an, ein externes Stylesheet anzulegen und sorgfältig zu pflegen. Dies spart nicht nur eine Menge Arbeit, es führt auch zu einem Wiedererkennungswert, wenn mehrere E-Books eines Verlages dasselbe Aussehen aufweisen.

Anders als bei gedruckten Büchern, die sich durch ihre individuelle Gestaltung auszeichnen, zeichnet sich ab, dass die Einheitlichkeit von E-Books eher als Qualitätssiegel wahrgenommen wird. Es kann also regelrechte Markenbildung betrieben werden, wenn die E-Books eines Verlages im Aufbau (Anordnung von Titelei, Impressum, Zusatztexten etc.) und Gestaltung einheitlich sind.

Da die Lesegeräte für E-Books seitenorientiert arbeiten, also kein Scrollen, sondern ein Blättern vorsehen, bedarf es neben den gängigen Formatierungsanweisungen wie Schriftgröße, Schriftart und Abständen noch weiterer Angaben.

Wie viel jeweils auf eine »Seite« (im E-Book-Kontext auch als »Viewport« bezeichnet) passt, hängt von der Displaygröße des Endgerätes sowie den voreingestellten Schriftgrößen ab. Der Zeilen- und Seitenumbruch wird dann automatisiert vorgenommen. Daher ist es – anders als bei HTML-Seiten für die Darstellung im Browser – notwendig, einen Satzspiegel zu definieren. Die Seitenränder lassen sich mit dem Aufruf `@page` gemäß CSS2 entsprechend einstellen:

Beispiel:

```
@page    {
         margin-top: 0.8em;
         margin-bottom: 1.2em;
         margin-left: 1em;
         margin-right: 1em;
}
```

Styling von Seitenumbrüchen

Auch für erweiterte seitenspezifische Einstellungen (z. B. die Vermeidung von Schusterjungen (»orphans«) und Hurenkindern (»widows«)) oder explizite Seitenumbrüche stellt CSS2 entsprechende Befehle zur Verfügung:

```
/* Vor bzw. nach dem Seitenwechsel sollen mindestens 3 Zeilen
Text stehen */
p        {
         widows: 3;
         orphans: 3;
}

/* vor einer Überschrift h1 soll stets ein Seitenwechsel
vorgenommen werden */
h1       {page-break-before: always;}

/* vor einer Überschrift h2 soll immer dann ein Seitenwechsel
vorgenommen werden, wenn die h2 auf einer linken Seite zu
stehen käme (h2 steht dann also auf einer rechten Seite)*/
h2       {page-break-before: left;}
```

6.4.1 Abbildungen im EPUB

Grafikformate im EPUB

Wie von HTML bekannt, lassen sich Bilder mit dem Image-Element `<img>` in den Textfluss integrieren. EPUB unterstützt die gängigen Grafikformate, hat allerdings keinen PostScript-Interpreter für die in der Druckvorstufe weit verbreiteten EPS-Dateien.

Diese dürfen also nicht eingebunden werden. Im Zweifelsfall ist man mit den Grafikformaten, die auch in Webbrowsern dargestellt werden können (JPEG, PNG und GIF, bedingt auch SVG), auf der sicheren Seite.

6.4.2 Schriftendarstellung im EPUB

Den Schriften kommt beim Thema EPUB eine besondere Bedeutung zu. Wir haben schon gesehen, dass ein HTML-Renderer auf die im System hinterlegten Schriften zurückgreift. Während auf den PCs in aller Regel mindestens 30 Standardschriften installiert sind, enthalten die E-Book-Reader zum Teil nur zwei vorinstallierte Fonts – eine Serifenschrift und eine Serifenlose. Für die typographisch hochwertige Darstellung der Texte reicht das natürlich nicht aus.

Wir sind also darauf angewiesen, eigene Schriften mitzuliefern – unter Beachtung der lizenzrechtlichen Bestimmungen. Wenn man weiß, wie einfach ein EPUB zu entpacken ist und dass die Font-Datei unverschlüsselt in dem EPUB enthalten ist, wird die restriktive Haltung der Schrifthersteller verständlich, was das Einbinden lizenzpflichtiger Fonts in E-Books angeht.

Eine weitere Stolperfalle im Zusammenhang mit den Schriften sind die Sonderzeichen. Selbst wenn diese korrekt in Unicode angelegt wurden, ist keineswegs sichergestellt, dass die in den Lesegeräten integrierten Fonts den entsprechenden Teil des Unicode-Standards abdecken. Das kann dazu führen, dass z. B. Zeichen aus dem Griechischen oder Hebräischen sowie mathematische Sonderzeichen nicht korrekt angezeigt werden. Im schlimmsten Fall könnte das dazu führen, dass aus der Einheit µg (Mikrogramm) in der Darstellung g (Gramm) wird, wenn das »µ«-Zeichen nicht im hinterlegten Font enthalten ist.

Tipp

Es bietet sich bei einem Text mit vielen Sonderzeichen stets an, eine zusätzliche, eigene Fontdatei in das EPUB einzubetten. Leider sind die Fonts, je mehr Zeichen sie beinhalten, auch umso voluminöser, so dass das EPUB ungebührlich an Dateivolumen zunimmt.

Professionelle EPUB-Produzenten bieten daher bereits das automatische Erstellen von sogenannten Font-Subsets an, also von Fonts, die nur die Zeichen beinhalten, die tatsächlich auch im EPUB benötigt werden.

6.4.3 Grenzen der Formatierung im EPUB

Das EPUB-Format hat eine große Lücke im elektronischen Publizieren geschlossen, indem es einen einfachen und offenen Standard für flexible Layouts (»reflowable Text«) bietet. Für eine ganze Reihe von Verlagsproduktionen ist damit ein ideales Format geschaffen. Insbesondere für Werke, die vor allem aus Fließtext und strukturierenden Elementen bestehen (Belletristik, Sachbücher, z. T. Fachpublikationen), ist das EPUB-Format ideal.

Anders sieht es mit der Umsetzung von Büchern aus, bei denen die feste Anordnung von Elementen auf der (Doppel-)Seite wichtig für das Verständnis ist bzw. wo eine andere Anordnung gar sinnentstellend sein könnte – wissenschaftliche Werke mit hohem Bildanteil, komplexe Tabellenwerke, Formelsatz, Bilderbücher, Schulbücher und viele Ratgeber sind für die Publikation als »reflowable Text« eher ungeeignet. Auch Werke mit umfangreichen Marginalien, Fußnoten etc. sind aufgrund der häufig zu geringen Bildschirmbreite nur mühsam auf einem E-Book-Reader zu lesen.

Wenn diese Inhalte dennoch als E-Book publiziert werden sollen, bietet sich weiterhin das PDF-Format an – vor allem dann, wenn die Inhalte und die Gestaltung eines Buches 1:1 ins E-Book übernommen werden sollen.

Fixed Layout E-Books

Als relativ neue, aber noch nicht weit verbreitete Möglichkeit gibt es darüber hinaus noch das sogenannte »Fixed Layout E-Book«. Hierbei handelt es sich auch um ein EPUB-Format, bei dem allerdings die einzelnen Elemente der Seiten mit CSS-Befehlen fest an eine bestimmte Position gezwungen werden, das Neu-Umbrechen also quasi künstlich verboten wird.

Fixed Layout-Titel lassen sich von ihrem konzeptionellen Ansatz her nicht als XML-first-Produktion erstellen; schließlich werden sie in der Regel aus dem Layout von Druckseiten abgeleitet. In Handarbeit sind Fixed Layout-Titel extrem aufwändig herzustellen, was diese Produktionen anfangs sehr kostenintensiv gemacht hatte. Derzeit etablieren sich erste Anbieter und Technologien am Markt, die eine (teil)automatische Produktion solcher Titel ermöglichen. Damit werden Fixed Layout-E-Books gegenüber dem PDF-Format interessant (das ja auch als umbruchidentisches E-Book zum Einsatz kommt), vor allem in dem Moment, wo Interaktions-Möglichkeiten (Einbinden von Video- und Tondokumenten, Hyperlinks, Animationen etc.) in das E-Book eingebracht werden sollen. Hier kommt das PDF- Format konzeptionell und technisch an seine Grenzen.

EPUB3

Diese Möglichkeiten sind in dem jüngsten EPUB-Standard EPUB3 bereits enthalten. EPUB3 ist eine Weiterentwicklung des bestehenden EPUB-Standards mit dem Ziel, mehr Interaktivität, Dynamik und Multimedialität in den Standard aufzunehmen. EPUB3 ist seit 2011 als eigener Standard verabschiedet, konnte sich aber (da keine Lesegeräte am Markt waren, die das Format unterstützten) lange nicht durchsetzen. Mit den neuen, leistungsfähigen Tablet-PCs wird sich das in naher Zukunft ändern.

6.4.4 Das Kindle-Format MobiPocket

Wie schon beschrieben, ist das Format MobiPocket ein binär verschlüsseltes Format, das sich einer direkten Betrachtung entzieht. Gleichwohl besteht es VOR der Verschlüsselung aus fast denselben Bestandteilen wie ein EPUB auch. Die eigentlichen Inhalte liegen ebenfalls in HTML und CSS sowie in den gängigen Grafikformaten vor.

KindleGen

Der beste Weg, ein MobiPocket zu erstellen, ist es, zunächst ein EPUB-Format zu erstellen und dieses über das kostenlose Tool »KindleGen« in das Kindle-Format zu konvertieren. Analog zum EPUB3-Standard gibt es auch eine neue Version des Kindle-Formats, KF8 genannt. Dieses Format bleibt in den Möglichkeiten zwar hinter EPUB3 zurück (insbesondere wird kein Javascript unterstützt, damit entfällt ein Großteil der Möglichkeiten an Interaktion mit dem Leser), bietet aber ebenfalls die Einbindung von Audio, Video und erweiterten CSS-Möglichkeiten.

6.4.5 Ein E-Book automatisiert erstellen

Es gibt verschiedene Wege, ein EPUB zu erstellen. Eher für den »Heimanwender« gedacht und geeignet sind die Konverter, die beispielsweise InDesign direkt anbietet, um aus einer Layout-Datei ein EPUB herauszuschreiben. Ähnliche Konverter gibt es auch, um Word-Daten direkt nach EPUB zu überführen.

Beide Verfahren sind im Ergebnis sehr stark davon abhängig, wie die Quelldaten aufgebaut sind – sind die InDesign-Daten nicht sehr systematisch mit Stilvorlagen erstellt und sämtliche Textrahmen korrekt verknüpft, ist das Ergebnis nicht vorhersehbar und erfordert meist einen hohen Grad an Nacharbeit und Qualitätssicherung. Viele Verlage, die noch nicht über einen XML-Workflow verfügen, vergeben daher die E-Book-Produktion an Dienstleister, die genau diese Arbeiten übernehmen.

Nachteile einer nachgelagerten E-Book-Produktion

So pragmatisch dieses Vorgehen ist, so viele Nachteile bringt es auch mit sich. Ein E-Book zu erstellen, verursacht bei der nachgelagerten Produktion teilweise nochmals einen ähnlich hohen Aufwand wie die Produktion des Buches selbst. Gleichzeitig lassen sich bei der Methode »erst Print, dann E-Book aus den Printdaten« stets nur E-Books erstellen, die im Wortlaut dem gedruckten Werk entsprechen. Inhaltliche Erweiterungen gegenüber diesem (»enriched E-Books«) sind in der Prozesskette dann zunächst nicht vorgesehen (oder wiederum nur in Handarbeit), solange es keine separate Manuskriptphase für das E-Book gibt. Zu dem Zeitpunkt jedoch, wo das E-Book redaktionell überarbeitet werden könnte, ist die inhaltliche Arbeit am Buch z. T. schon seit Monaten abgeschlossen und der Redakteur bereits mit anderen Werken beschäftigt.

Auch für das Marketing bereitet der späte Zeitpunkt der E-Book-Erstellung zunehmend Probleme: Die immer wichtiger werdenden E-Book-Leseproben können nicht bis nach der Drucklegung warten und müssen vorab und mit ähnlichem Aufwand wie später das eigentliche E-Book erstellt werden.

E-Book-Produktion im Verlag

Der Einstieg in die Produktion und den Vertrieb von E-Books stellt daher für viele Verlage auch den Punkt dar, an dem die internen Abläufe im Verlag überdacht werden und eine XML-basierte Produktionskette eingeführt wird. Liegen die Verlagsinhalte (auch die zusätzlichen Inhalte, die nur für das E-Book vorgesehen sind) nämlich anwendungsneutral in XML vor, so lässt sich ein EPUB / eine EPUB-Leseprobe / eine Kindle-Datei etc. jederzeit aus diesem Datenbestand automatisch erzeugen.

Es stellt sich die Frage, wie dies technisch bewerkstelligt wird. Die XML-Daten des Verlages liegen ja noch nicht in dem gewünschten Zielformat (nämlich HTML) vor und müssen erst in dieses Format überführt werden.

Die Transformation von einem neutralen Quelldatenformat in ein spezifisches Zieldatenformat ist ein Standardvorgang beim crossmedialen Publizieren und der Schlüssel zur raschen und sicheren Ausgabe der Inhalte in die verschiedensten Kanäle. Jedes XML-basierte Verlags-Content-Management-System arbeitet nach dem Prinzip »eine Datenquelle wird automatisiert in verschiedene Ausgabe-Formate überführt«.

Die eigentliche Transformation, also die Überführung einer XML-Struktur in eine andere, wird mittels XSLT durchgeführt (vgl. Kap. 7.1). XSLT ist eine Transformationssprache und ebenso wie XML selbst ein offener W3C-Standard. XSLT kann also auch ohne den Einsatz eines (in der Regel sehr kostenintensiven) Content-Management-Systems eingesetzt werden – alle erforderlichen Bestandteile für den Aufbau einer Transformationsumgebung sind unentgeltlich verfügbar. So können auch kleine Verlage, für die sich ein teures System nicht lohnt, an den Vorteilen eines XML-Workflows partizipieren.

Bei einem gut organisierten crossmedialen XML-First-Workflow werden alle medialen Ausprägungen einer Publikation aus einer Quelle gespeist (Single Source Publishing). Diese Quelle liegt in XML vor.

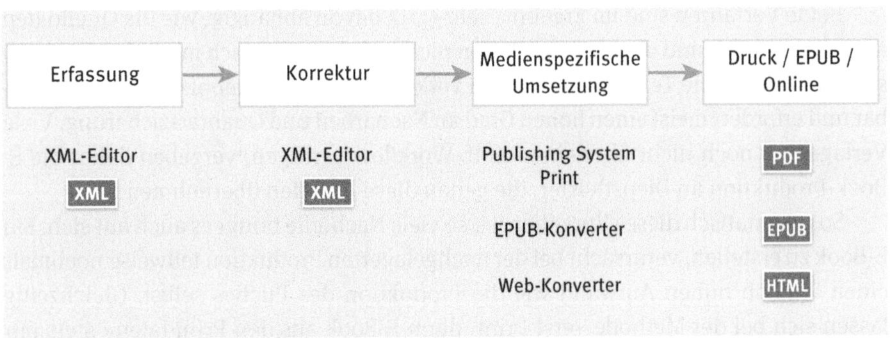

Abb. 39: Übersicht eines XML-Workflows

Um die XML-Dokumente als EPUB zu veröffentlichen, müssen sie einen zweistufigen Generierungsprozess durchlaufen:
- Generierung von XHTML- und Steuerdateien
- Zippen und Überprüfen des EPUB-Dokumentes

In einem ersten Konvertierungs-Schritt werden die XML-Quelldaten mit Hilfe eines XSLT-Skripts nach XHTML überführt. Im einfachsten Fall ist das ein »Suche-Ersetze«-Vorgang (suche nach dem Element `<rezept>`, ersetze es durch das Element `<div class="rezept">`); meist sind aber komplexe Umstellungen des Contents notwendig – Neusortierungen, Auswahl von Teilbäumen etc.

Ergebnis eines solchen XSLT-Transformationsprozesses sind neben einzelnen XHTML-Dateien die benötigten Steuerdokumente: die NCX-Datei zur Darstellung eines Inhaltsverzeichnisses und die OPF-Datei zur Darstellung der logischen Dokumentstruktur. Da diese selbst auch wieder XML-Dateien sind, lassen sie sich über XSLT problemlos erzeugen.

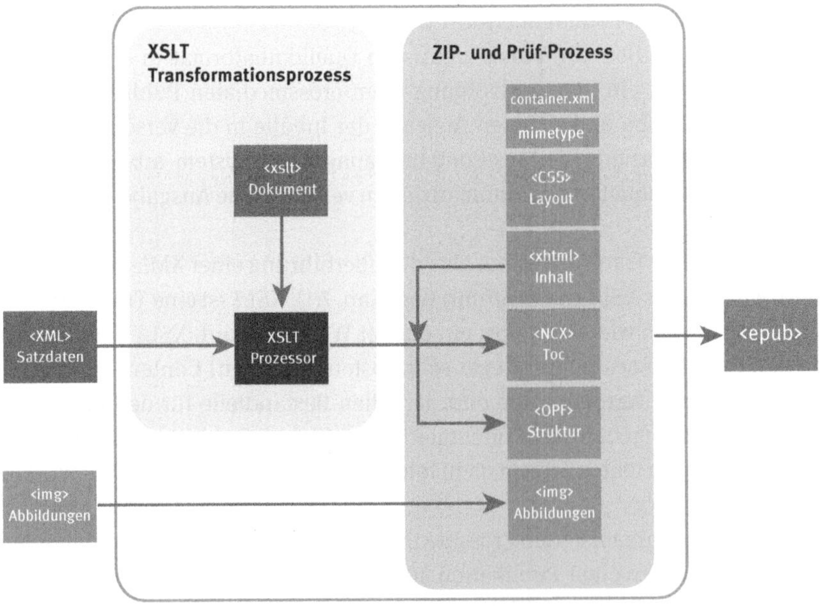

Abb. 40: Ablauf der Konvertierung von XML zu EPUB

In einem zweiten Schritt werden die erzeugten Dokumente zusammen mit Abbildungen und den Formatierungsregeln mit einem ZIP-Programm gepackt. Ein abschließender Prüfprozess garantiert die Datenintegrität der Dokumente: Entspricht das EPUB tatsächlich in allen Punkten dem definierten Standard?

E-Book-Leseproben

Wird nun bereits in den XML-Quelldaten der Bereich markiert, der später als Leseprobe gelten soll, so lässt sich auch die Leseprobe vollautomatisch erzeugen. Auch jede andere Ausgabeform der Daten wird möglich, sofern die Quelldaten alle erforderlichen Strukturinformationen enthalten und sich das Zielformat automatisiert daraus ableiten lässt.

Schauen wir uns daher im nächsten Schritt die Technologie XSLT etwas näher an.

7 Strukturierte Daten transformieren

7.1 XSLT

Wir haben schon festgestellt, dass die XML-Daten, die der Verlag vorhält, nicht die Form der Inhalte darstellen, die veröffentlicht wird. Die Daten werden also stets erst in das jeweilige Zielformat überführt werden müssen. Das kann nur automatisiert geschehen, sonst ist die Idee des »Single Source Publishings« zum Scheitern verurteilt.

Dabei geht es meist nicht nur um ein Umbenennen von Tags. Will man mit den XML-Daten mehrere Ausgabekanäle bedienen – und das ist ja genau eines der Ziele dieser Technologie – so stellt sich schnell heraus, dass die jeweiligen Kanäle eine unterschiedliche Anordnung, Aufbereitung und Auswahl der Inhalte erfordern, um marktgängige Produkte herzustellen.

An diesem Punkt stellt sich oft eine gewisse Frustration ein: Was bringt ein neutrales Format, das mit hohem Aufwand erstellt und qualitätsgesichert werden muss, wenn es so gar nicht veröffentlicht werden kann, sondern wenn es vielmehr für jegliche Publikationsform doch erst wieder umgewandelt werden muss?

Regelbasierte Transformation

Die Lösung für dieses Dilemma lautet: die Umwandlungen müssen vollautomatisch geschehen. Die vielbeschworene »Publikation auf Knopfdruck« bedeutet also nichts anderes, als dass durch den Knopfdruck (und es sind stets mehrere Knöpfe, die gedrückt werden wollen) ein Transformationsprozess angestoßen wird, der den Quelldatenbestand in das gewünschte Zielformat überführt.

Um XML zu transformieren, gibt es einen eigenen Standard, nämlich XSLT. XSLT ist einer der Hauptbestandteile von XSL, der Extensible Stylesheet Language.

Die Bezeichnung »Extensible Stylesheet Language«, also eine Sprache zur Erstellung von Stylesheets, ist im Sprachgebrauch der Verlagsbranche zunächst irreführend: wird in der graphischen Industrie »Stylesheet« doch stets mit »Stilvorlage« gleichgesetzt, also einer rein typographischen Zuordnung von Stilen zu Inhalten. So haben wir es auch bei CSS, den »Cascading Stylesheets«, kennengelernt. Um XSLT zu verstehen, müssen wir zunächst diesen Bedeutungsinhalt von Stylesheets komplett hinter uns lassen.

Merke
Ein XSLT-Stylesheet für XML-Dokumente hat zunächst mit deren Formatierung noch gar nichts zu tun, auch wenn der name »Stylesheet« das vermuten läßt.

Ein XSLT-Stylesheet ist vielmehr eine Verarbeitungsanweisung für XML-Dokumente, um diese umzubauen, zu sortieren, Elemente auszuwählen und andere zu unterdrücken – vereinfacht gesprochen ist ein XSLT-Stylesheet nichts anderes als ein »Suche / Ersetze-Skript« und XSLT eine Sprache, um komplexe »Suche/ Ersetze«-Befehle zu erstellen. Wir sprechen bei einem solchen »Umbauen« einer XML-Datei von einer Transformation – wobei eine Transformation weit über das hinausgeht, was wir aus den gängigen Textverarbeitungsprogrammen als »Suche/Ersetze«-Routinen kennen.

7.1.1 Was ist XSL?

Doch beginnen wir systematisch. Die eXtensible Stylesheet Language (XSL) ist eine Familie von Sprachen zur Definition der Umwandlung und Darstellung von XML-Daten.

XSL selbst ist also gar keine Sprache, sondern ein Überbegriff für drei Technologien, von denen jede eine W3C-Empfehlung ist:

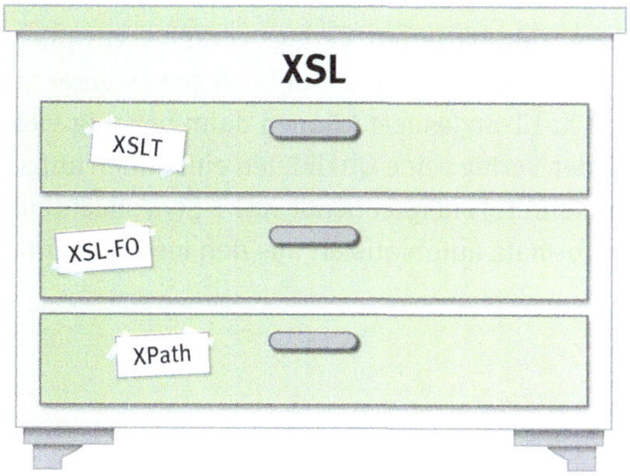

Abb. 41: XSL besteht aus drei Teilstandards: XSLT, XSL-FO und XPath

Das W3C brachte XSLT und XPath (jeweils in der Version 1.0 am 16.11.1999 und XSL-FO am 15.10.2001) als »Recommendation« heraus.

XSL-FO ist eine Formatierungssprache, um XML-Dokumente automatisiert als PDF auszugeben. XPath ist eine Hilfssprache, die ein Navigieren durch ein XML-Dokument erlaubt – dazu später mehr. XSLT schließlich ist für viele der zentrale Aspekt von XSL, nämlich die eigentliche Transformationssprache.

7.1.2 XSLT – die Skriptsprache für XML-Daten

XSLT ist eine Art XML-Skriptsprache, die die Transformation von XML-Dokumenten mit einer bestimmten Struktur in XML- oder HTML-Dokumente mit anderen Strukturen (und auch in Dokumente ohne markup) erlaubt. Das besondere an XSLT ist seine Syntax: Ein XSLT-Stylesheet ist selbst auch wieder ein XML-Dokument. Jeder XSLT-Befehl ist also ein XML-Element mit bestimmten Attributen. Ein XSLT-Stylesheet kann entsprechend selbst auch wieder geparst (also auf seine Syntax und korrekten Aufbau hin überprüft) werden; damit ist es auch für einen Informatik-Laien vergleichsweise einfach, ein korrektes XSLT-Stylesheet zu erstellen.

Der XSLT-Prozessor

Wenn ein XSLT-Stylesheet zunächst nur eine XML-Datei ist, so führt sie alleine noch keine Transformation aus. Um ein XSLT-Stylesheet zur Anwendung zu bringen, bedarf es noch eines entsprechenden Programms, eines sogenannten XSLT-Prozessors.

Tipp
Die gängigsten XSLT-Prozessoren sind Freeware. Es ist also jederzeit möglich, sich eine XSLT-Arbeitsumgebung aufzubauen, ohne dafür kostenpflichtige Software installieren zu müssen.

Ein typischer Ablauf für eine XSLT-basierte Transformation sieht damit wie folgt aus:

Dem Verlag liegt ein XML-Quelldokument vor, das regelbasiert und automatisiert in eine andere Struktur – z. B. nach HTML – überführt werden soll. Die dafür erforderlichen Transformationsregeln werden in ein *XSLT-Stylesheet* geschrieben. Soll eine Regel nicht auf das ganze Dokument angewendet werden, sondern nur auf Teilbäume, so lässt sich mit *XPath* eine gezielte Auswahl treffen. Das XML-Quelldokument und das XSLT-Stylesheet werden an einen *XSLT-Prozessor* übergeben, der die eigentliche Verarbeitung übernimmt und das Ergebnis der Transformation (in diesem Fall: das erzeugte HTML-Dokument) abspeichert. Damit ist der Prozess abgeschlossen.

XSLT spielt seine Stärken in einem XML-basierten Verlagsworkflow vor allem dann aus, wenn die vielen Quelldaten in einheitlicher Struktur (also gemäß einer gemeinsamen DTD) vorliegen. Mit einem XSLT-Stylesheet können dann beliebig viele Dokumente transformiert werden. Hat der Verlag seine Quelldaten einheitlich aufgebaut und für jedes Zielformat ein (oder mehrere) entsprechende XSLT-Stylesheets entwickelt, können alle gewünschten Zielformate automatisiert aus den medienneutralen Verlagsinhalten generiert werden.

7.1.3 Transformationen mit XSLT

Quellbaum und Ergebnisbaum

Technisch gesehen erzeugt der XSLT-Prozessor unter Anwendung des XSLT-Stylesheets aus einem Quellbaum (source tree) einen Ergebnisbaum (result tree). XSLT ist eine deklarative Sprache: Im Stylesheet werden lediglich die Regeln beschrieben, nach denen die Transformation vorgenommen werden soll. Was man nicht selbst programmieren muss, sind die eigentlichen Arbeitsschritte, die der Prozessor vornehmen soll, um die Regeln anzuwenden. Das leistet der Prozessor von sich aus.

Mit anderen Worten: Wir müssen uns nur um die präzise Beschreibung der Aufgabenstellung kümmern, nicht aber um deren Lösungsweg.

Tiefergehende Programmierkenntnisse sind daher nicht erforderlich, um XSLT-Stylesheets zu erstellen.

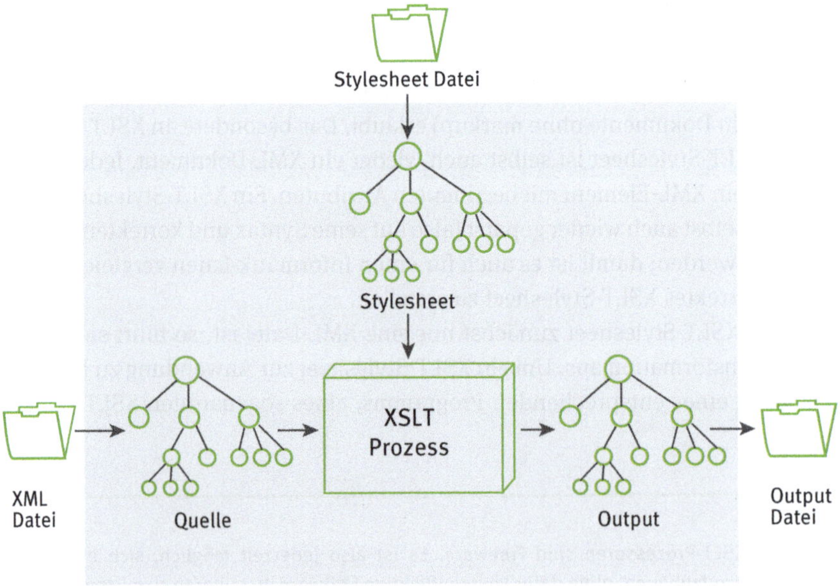

Abb. 42: Schematische Darstellung des XSLT-Prozesses

7.1.4 Die XSLT-Arbeitsumgebung

Bevor wir erste eigene XSLT-Stylesheets erstellen, müssen wir uns unsere Arbeitsumgebung aufbauen. Diese besteht im Wesentlichen aus zwei Komponenten: Einem beliebigen Editor und einem XSLT-Prozessor, ohne den die eigentliche XSLT-Transformation nicht ablaufen kann.

Der Editor dient als Eingabeprogramm, in dem das XSLT-Stylesheet erstellt wird. Das kann ein beliebiger Text-Editor sein. Es empfiehlt sich allerdings, hier einen XML-Editor zu verwenden, da ein XSLT-Stylesheet ja selbst wieder ein XML-Dokument ist. Professionelle XML-Editoren haben bereits die Syntax-Regeln von XSLT hinterlegt, so dass das Stylesheet nicht nur hinsichtlich seiner Wohlgeformtheit abgeprüft wird, sondern gleichzeitig sichergestellt werden kann, dass nur korrekt formulierte Befehle verwendet werden.

Für den Einstieg in die XSLT-Welt beschränken wir uns auf den Leistungsumfang von XSLT 1.0.

Info

Alle gängigen XSLT-Prozessoren beherrschen das Befehlsspektrum von XSLT 1.0 vollständig. Die gebräuchlichsten Prozessoren sind »XALAN« (Apache Software Foundation) und »SAXON« (Saxonica Ltd.).

Auch viele moderne Web-Browser wie der Internet Explorer, Mozilla Firefox und Opera haben bereits integrierte XSLT-1.0-Prozessoren.

Damit ist die Arbeitsumgebung bereits fertig. Nun brauchen wir nur noch ein XML-Quelldokument und eine Aufgabenstellung, in welche Zielsyntax dieses überführt werden soll, und können anfangen.

7.1.5 Das XSLT-Template

Im Folgenden wollen wir zunächst auf die Syntax und die wichtigsten Elemente und Funktionen von XSLT eingehen und zeigen, wie ein typisches XSLT-Stylesheet aufgebaut ist.

XSLT-Templates

Wir haben – vereinfachend – eine XSLT-Transformationsregel als einen »Suche / Ersetze«-Befehl bezeichnet. Diese »Suche / Ersetze«-Befehle (und alle übrigen Transformationsmöglichkeiten) nennen wir künftig *Template Rules*, vereinfacht Templates.

Dabei müssen wir uns von Anfang an von einem Bild lösen. Wir kennen »Suche / Ersetze«-Regeln stets auf der Basis von Zeichenfolgen, die gesucht und durch andere Zeichenfolgen ersetzt werden sollen. Das ist in XSLT nicht der Fall: Hier wird nicht nach Zeichenfolgen, sondern nach Knoten (Teilstrukturen im XML-Baum) gesucht.

Ein erstes Beispiel mag das verdeutlichen. Wir wollen die Quelldatenstruktur

```
<autor>Hans Bauer</autor>
```

in die HTML-Zielstruktur

```
<div class="autor">Hans Bauer</div>
```

überführen. Das würde uns auch mit den klassischen »Suche / Ersetze«-Mustern von Word gelingen, in dem wir die beiden folgenden Aktionen nacheinander aufrufen:

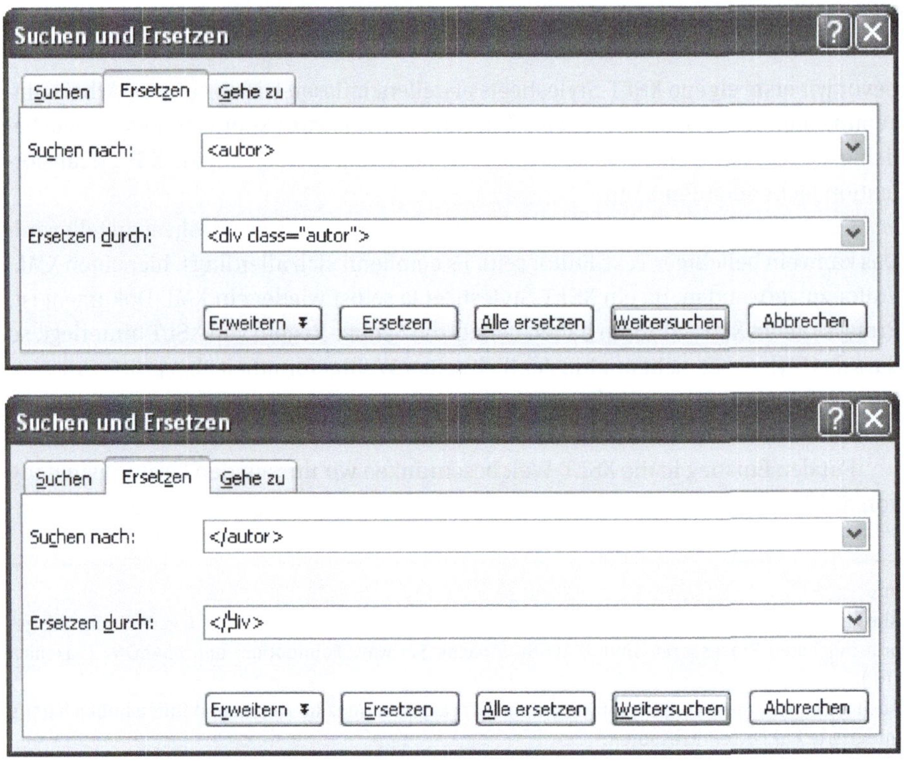

Abb. 43: Suchen und Ersetzen mit Hilfe von Word: Hier wird nach Zeichenfolgen gesucht. XSLT geht grundsätzlich anders vor!

Damit verändern wir lediglich die Bezeichnung der Tags – und dafür bräuchten wir noch nicht unbedingt XSLT, da sich am Aufbau des Dokuments nichts weiter verändern soll.

Prinzip von XSLT

XSLT geht grundsätzlich anders vor. Es sucht nicht nach Tags, sondern nach Elementen (und anderen Bestandteilen des XML-Baumes). Das unserem Beispiel entsprechende XSLT-Template lautet wie folgt:

Beispiel:

```
<xsl:template match="autor">        [1]
  <div class="autor">               [2]
    <xsl:apply-templates/>          [3]
  </div>                            [4]
</xsl:template>                     [5]
```

Zeile [1] des Templates besagt, dass dieses Template auf alle Elementknoten »autor« angewendet werden soll – das ist der »Suche«-Teil unseres Templates. Wichtig ist, dass jetzt nicht nach der Zeichenfolgen »<autor>« gesucht wird (wie das z. B. bei Suche-Ersetze in Word der Fall wäre), sondern dass nun der Inhalt des Elements »autor«, also »Hans Bauer« im Speicher des Prozessors steht. Zeile [2] bis [4] geben nun die gewünschte Zielstruktur an. Zunächst soll das neue Start-Tag ausgegeben werden [2], dann der Inhalt des Elements »autor« wieder eingesetzt werden [3] und anschließend ein Ende-Tag ausgegeben werden [4]. Zeile [5] schließt das Template ab.

Die Template Rules sind also Schablonen zur Transformation des Quellbaumes (source tree) in den Ergebnisbaum (result tree):

Pattern (Suchmuster)
[xPath]

Template (Ersetzungsmuster)

```
<xsl:template match="autor">
    (Transformationsangaben)
</xsl:template>
```

XPath

Die Suchmuster im Pattern-Teil werden in XPath-Syntax geschrieben. Das Pattern »autor« ist also bereits ein XPath-Ausdruck: der einfachste, den es gibt, nämlich die Lokalisation eines Elementknotens.

Die Stärken von XSLT gegenüber dem bekannten »Suche / Ersetze« werden sogleich deutlich, wenn wir nicht mehr alle <autor>-Elemente transformieren wollen, sondern z. B. nur solche, die innerhalb des <hauptteil>-Elements stehen. In diesem Fall müsste das Pattern des Templates lediglich durch einen etwas komplexeren XPath-Ausdruck ausgetauscht werden:

```
<xsl:template match="hauptteil/autor">          [1]
(Rest unverändert)
```

Die XPath-Ausdrücke in XSLT sind ein mächtiges Werkzeug, da sie uns erlauben, sehr gezielt auf Teile eines XML-Dokuments zuzugreifen. Damit können wir beispielsweise Auswahlen treffen wie »Verarbeite nur alle vegetarischen Rezepte unter 1000 Kalorien« – »Verarbeite nur die Überschriften von Kapiteln, die Abbildungen enthalten« und ähnliches mehr.

7.1.6 Das XSLT-Stylesheet

Als XSLT-Stylesheet bezeichnen wir eine Datei, die ein oder mehrere zusammengehörende Templates beinhaltet, also die Transformationsregeln für eine bestimmte Aufgabenstellung enthält. Es handelt sich dabei stets um eine XML-Datei mit dem Wurzelelement <xsl:stylesheet>.

Alle XSLT-Befehle (die selbst wieder ein XML-Element sind) entstammen dem Namespace »xsl«, haben also das Präfix »xsl:« im Start-Element. Damit sind sie leicht von anderen Elementen, z. B. den gewünschten Zielstrukturen, zu unterscheiden.

Der Grundaufbau eines XSLT-Stylesheets sieht damit wie folgt aus:

Beispiel:

```
<?xml version="1.0"?>
<xsl:stylesheet version="1.0"
xmlns:xsl="http://www.w3.org/1999/XSL/Transform">
   <xsl:template match="...">
   </xsl:template>
</xsl:stylesheet>
```

Um die wichtigsten Befehle von XSLT kennenzulernen, wollen wir unsere Rezeptsammlung nach HTML überführen.

Der Quellcode der XML-Instanz lautet wie folgt:

Beispiel:

Der XML-Quellcode unserer Rezept-Datei

```
<?xml version="1.0"?>
<kochbuch>
  <vorwort>
    Willkommen bei meinem Kochbuch
  </vorwort>
  <kapitel>
    <rezept typ="fleischrezept" aufwand="mittel"
    kalorien="1200" kategorie="hauptgericht">
      <ueberschrift1>Huhn mit Rosmarinkartoffeln</
      ueberschrift1>
      <zutaten>
        <z-angabe>
          <menge>1</menge>
          <zutat>frisches Huhn</zutat>
        </z-angabe>
      </zutaten>
    </rezept>
    <rezept typ="vegetarisch" aufwand="niedrig"
    kalorien="350" kategorie="vorspeise">
      <ueberschrift1>Selleriesuppe</ueberschrift1>
      <zutaten>
        <z-angabe>
          <menge>1</menge>
          <masseinheit>Bund</masseinheit>
          <zutat>Sellerie</zutat>
        </z-angabe>
      </zutaten>
      (...)
    </rezept>
  </kapitel>
  (...)
</kochbuch>
```

7.1.7 Das Output-Element

Im Transformationsprozess ist es zunächst wichtig anzugeben, welche Art von Zieldokument erzeugt werden soll. Dies geschieht über das Top-Level-Element `<xsl:output>`. Es stehen drei Ausgabeformate zur Verfügung: `xml`, `html` und `text`. Diese werden als Werte des Attributes `method` angegeben. Standardausgabe von XSLT ist XML: will man als Ziel des Transformatiosprozesses wieder eine XML-Datei erhalten, so muss das Element `<xsl:output>` nicht angegeben werden.

Für unsere HTML-Transformation könnte das Element etwa wie folgt lauten:

Beispiel:

```
<xsl:output method="html" version="4.01" encoding="UTF-8"/>
```

7.1.8 Template-Elemente

xsl:template

Das Top-Level-Element `<xsl:template>` enthält jeweils ein Template, also eine Verarbeitungsanweisung, und steuert damit als zentrales Element die Ausgabe der Daten. Das Element wird meist in Verbindung mit dem Attribut `match` verwendet, in dem sich das Suchmuster befindet. Das Suchmuster kann die unterschiedlichsten Inhalte haben. Die häufigsten sind die Suche nach Elementen (ggf. in ihrem hierarchischen Verhältnis zu anderen Elementen) und nach Attributwerten.

Der Wurzelknoten

Ein Standardfall (und in der Regel das erste Template in einem Stylesheet) ist die Suche nach dem Wurzelknoten (Root Node), der mit `match="/"` angesteuert wird. Der Wurzelknoten ist eine virtuelle Einheit und bezeichnet das gesamte XML-Dokument inklusive des Wurzelelements. Mit `<xsl:template match="/">` wird also stets das gesamte XML-Dokument verarbeitet – unabhängig davon, wie das Wurzelelement lautet. Der Wurzelknoten bildet für XPath-Ausdrücke stets den Startpunkt von absoluten Suchmustern.

xsl:apply-templates

Nun befinden sich innerhalb des Wurzelknotens ja alle weiteren Elemente – es müssen also innerhalb des ersten Template alle weitere Templates eingebettet werden. Hierzu benutzt man das `<xsl:apply-templates>`-Element, um den Prozessor anzuweisen, nach Kindelementen des aktuellen Elementes zu suchen und – wenn vorhanden – deren Templates auszuführen. Wenn kein weiteres Template zur Verarbeitung einer Teilstruktur vorhanden ist, soll der Inhalt der Teilstruktur eingesetzt werden.

Erstellen wir uns also ein erstes, eigenes XSLT-Stylesheet:

Beispiel:
Ein einfaches XSLT-Stylesheet zur Überführung der XML-Daten nach HTML

```
<?xml version="1.0" encoding="UTF-8"?>
<xsl:stylesheet xmlns:xsl="http://www.w3.org/1999/XSL/
  Transform" version="1.0">
  <xsl:output method="html" version="4.01"
  encoding="UTF-8"/>
  <xsl:template match="/">
    <html>
      <head>
        <title>Erstes Transformationsergebnis</title>
      </head>
      <body>
        <xsl:apply-templates/>
      </body>
    </html>
  </xsl:template>
  <xsl:template match="rezept">
    <div class="rezept">
      <xsl:apply-templates/>
    </div>
  </xsl:template>
  <xsl:template match="ueberschrift1">
    <h3>
      <xsl:apply-templates/>
    </h3>
  </xsl:template>
```

```
[26]   <xsl:template match="zutaten">
[27]     <p>
[28]       <xsl:apply-templates/>
[29]     </p>
[30]   </xsl:template>
[31] </xsl:stylesheet>
```

Das Beispiel-Stylesheet besteht aus insgesamt vier Templates, jeweils umschlossen von den Tags `<xsl:template> (...) </xsl-template>`.

Das erste Template führt dazu, dass in der Ausgabedatei um alle anderen Daten herum die Grundstruktur einer HTML-Datei mit `<head>` und `<body>` eingefügt wird. Die erste `<xsl:apply-templates/>` Anweisung (Zeile 12) bewirkt, dass der Prozessor für alle auf das Wurzelelement folgenden Elemente nach Templates im Stylesheet sucht und – wenn vorhanden – diese ausführt. Alle passenden Templates eines Stylesheets werden iterativ (schrittweise in wiederholenden Arbeitsschritten) abgearbeitet. Sollte der Prozessor auf kein passendes Template treffen, wird der textliche Inhalt des Elementes ohne Template-Entsprechung an genau dieser Stelle (also zwischen den Tags `<body>` und `</body>` eingefügt. Dass dies geschieht, liegt an sogenannten »Build-in-Templates«, die in jedem XSLT-Prozessor hinterlegt sind. Eines dieser Build-in-Templates bewirkt, dass Textknoten des Quelldokuments im Zieldokument wieder ausgegeben werden. Auch die Build-in-Templates werden über den `<xsl:apply-templates/>`-Befehl mit angesteuert.

Build-in-Templates

Das Template ab Zeile 16 steuert alle `rezept`-Knoten des Quelldokuments an und umschließt deren Inhalt mit dem HTML-Tag `<div class="rezept">` (Zeile 17) bzw. `</div>` (Zeile 19). In Zeile 18 wird mit `<xsl:apply-templates/>` abermals nach Entsprechungen für alle weiteren Templates gesucht und alternativ der Inhalt eingefügt.

Analog dazu wird ab Zeile 21 die `<ueberschrift1>` in eine HTML-Überschrift `<h3>` umgewandelt, ab Zeile 26 die `<zutaten>` in einen HTML-Absatz `<p>`.

Das Ergebnis dieser ersten Transformation kann sich bereits sehen lassen – es ist eine (fast) vollständige HTML-Datei:

Beispiel:

```
<html>
  <head>
    <meta http-equiv="Content-Type" content="text/html;
    charset=UTF-8">
    <title>Erstes Transformationsergebnis</title>
  </head>
  <body>
    Willkommen bei meinem Kochbuch!
    <div class="rezept">
      <h3>Huhn mit Rosmarinkartoffeln</h3>
      <p>1 frisches Huhn</p>
    </div>
    <div class="rezept">
      <h3>Selleriesuppe</h3>
      <p>1 Bund Sellerie </p>
      (...)
    </div>
```

```
    (...)
  </body>
</html>
```

Im Browser dargestellt sieht diese Seite so aus:

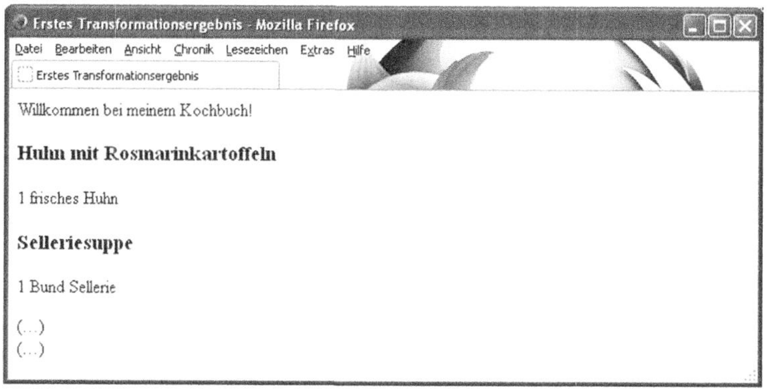

Abb. 44: Das Ergebnis der Transformation im Browser

Es fällt auf, dass auch die Inhalte der Elemente, für die noch kein eigenes Template definiert wurde, in der Zielstruktur wieder auftauchen (z. B. der Inhalt des Elements `<vorwort>`, aber auch von `<menge>` und `<masseinheit>`). Es ist also nicht erforderlich, für sämtliche Strukturelemente eines XML-Quelldokuments eigene Templates aufzubauen, solange lediglich deren Inhalt unverändert wiedergegeben werden soll.

Nach diesem Prinzip lässt sich das XSLT-Stylesheet nun beliebig erweitern, um sämtliche Elemente der Quellinstanz individuell umzusetzen. In der Praxis wird man natürlich nicht an einer konkreten Instanz, sondern an der dieser Instanz zugrunde liegenden DTD entlang arbeiten, so dass mit dem entstandenen Stylesheet beliebige XML-Instanzen, die der gleichen DTD folgen, nach HTML transformiert werden können.

7.1.9 Auf Knotenwerte zugreifen

Bislang haben wir lediglich die Struktur der Daten verändert (XML → HTML), ohne jedoch eine Auswahl einzelner Elemente vorzunehmen oder die Reihenfolge zu verändern. Das wollen wir nun in den nächsten Schritten tun.

xsl:value-of

Für den gezielten Zugriff auf Inhalte einzelner Tags wird das `<xsl:value-of>`-Element mit dem Attribut `select` verwendet. Die Reihenfolge der `<xsl:value-of select=…>`-Elemente im Template steuert die Reihenfolge der Ausgabe, d. h. die Sequenz, nach der die Inhalte in den Ergebnisbaum kopiert werden.

Gibt man einen Elementnamen als Attributwert von `select` an, so wird der textliche Inhalt des angegebenen Elements ausgewählt und im Ergebnisbaum wiedergegeben (allerdings ohne die ggf. darin auftretenden Inhalte von Unterelementen!).

Neben dem Inhalt eines Elements lässt sich nach dem gleichen Prinzip auch auf dessen Namen oder seine Attributwerte zugreifen: Möchte man auf Attributwerte eines Elements im Quellbaum zugreifen, so lautet die entsprechende Syntax `select="ELEMENTNAME/@ATTRIBUTNAME"`.

Beispiel:

```
<xsl:template match="rezept">
      <p>
      <xsl:value-of select="ueberschrift1"/>
      (<xsl:value-of select="@kalorien"/> kcal.)
      </p>
</xsl:template>
```

Dieses Template erzeugt bezogen auf unsere Musterinstanz folgendes Ergebnis (Ausschnitt):

```
<p>Huhn mit Rosmarinkartoffeln (1200 kcal.)</p>
<p>Selleriesuppe (350 kcal.)</p>
```

7.1.10 Bedingte Verarbeitung und Selektion

xsl:if

Wie auch in anderen Programmiersprachen gibt es in XSLT Elemente, die eine Ablaufsteuerung erlauben, d. h. »wenn-dann«-Bedingungen auswerten. Hierzu dient u. a. das Element `<xsl:if>`. Es umschließt einen Abschnitt des Templates, der immer nur dann ausgeführt wird, wenn der XPath-Ausdruck des `test`-Attributes zutrifft. Auf diese Weise können z. B. sehr einfach Attribut-Auswertungen vorgenommen werden:

Beispiel:

```
<xsl:template match="rezept">
   <xsl:if test="@typ='vegetarisch'">
      <p>Dieses Rezept ist für die fleischlose Ernährung
      geeignet.</p>
   </xsl:if>
   <p>
      <xsl:apply-templates/>
   </p>
</xsl:template>
```

xsl:choose

Anders als in den meisten Programmiersprachen ist allerdings die dazugehörige `else`-Anweisung nicht Teil der XSLT-Spezifikation. Um mehrere Alternativen zu formulieren, verwendet man daher nicht das `<xsl:if>` Element, sondern greift auf das Element `<xsl:choose>` mit den Kindelementen `<xsl:when>` und `<xsl:otherwise>` zurück.

Mit `<xsl:choose>` wird eine Verzweigung eingeleitet, mit `<xsl:when>` werden die möglichen Fälle aufgelistet und mit `<xsl:otherwise>` eine Alternative angegeben, die immer dann ausgeführt wird, wenn keiner der vorher mit `when` genannten Fälle zutrifft:

Beispiel:

```
<xsl:template match="rezept">
   <xsl:choose>
      <xsl:when test="@kategorie='hauptgericht'">
         <img src="icon_hauptgericht.jpg"/>
```

```
      </xsl:when>
      <xsl:when test="@kategorie='vorspeise'">
        <img src="icon_vorspeise.jpg"/>
      </xsl:when>
      <xsl:otherwise>
        <p>Dieses Rezept ist keiner Kategorie zugeordnet.</p>
      </xsl:otherwise>
    </xsl:choose>
    <p>
      <xsl:apply-templates/>
    </p>
</xsl:template>
```

Dieses Template würde dazu führen, dass jedem Rezept ein passendes Icon als Grafik vorangestellt wird – abhängig davon, ob es in die Kategorie »Vorspeise« oder »Hauptgericht« fällt. Bei allen anderen Kategorien greift die `<xsl:otherwise>`-Regel.

7.1.11 Sortierung

xsl:sort

Mit Hilfe des Elementes `<xsl:sort/>` lassen sich Knoten vor ihrer Ausgabe sortieren. Als Standard ist die Sortierung von Zeichenketten in aufsteigender alphabetischer Reihenfolge vorgegeben. Das Attribut `order` definiert die Sortierreihenfolge und kann die Werte `"ascending"` oder `"descending"` einnehmen, während das ebenfalls optionale Attribut `data-type` festlegt, ob es sich um Zeichenketten (`"text"`) oder Zahlen (`"number"`) handelt. Das Attribut `select` gibt an, welches das Sortierkriterium ist. Im folgenden Beispiel ist dies das Attribut @kalorienangabe innerhalb von <rezept>:

Beispiel:

```
<xsl:template match="kapitel">
  <xsl:apply-templates>
    <xsl:sort select="@kalorien" order="ascending"/>
  </xsl:apply-templates>
</xsl:template>
```

Dieses Template sorgt dafür, dass die Rezepte aufsteigend nach ihrer Kalorienanzahl sortiert ausgegeben werden. (Beachten Sie, dass das `<xsl:sort>`-Element *innerhalb* von `<xsl:apply-templates>` steht, welches wir bislang nur als leeres Element kennengelernt haben!)

7.1.12 Nummerierung

xsl:number

Mit `<xsl:number>` lassen sich Knoten im Ergebnisbaum nummerieren. Es lassen sich in einem Stylesheet gleichzeitig verschiedene Elemente nach verschiedenen Regeln nummerieren und damit beispielsweise Kapitel-, Abschnitts- oder Bildunterschriftenzählungen vollautomatisch erreichen. Die Art der Nummerierung lässt sich über das Attribut `format` steuern. `format="a"` erzeugt dabei eine Zählung mit Buchstaben.

Daneben gibt es `"1"` (arabische Ziffern), `"A"` (Großbuchstaben), `"i"` (römische Ziffern in Kleinbuchstaben) und `"I"` (römische Ziffern in Großbuchstaben):

Beispiel:

```
<xsl:template match="rezept">
  <xsl:number format="a"/>
  <xsl:value-of select="ueberschrift1"/>
</xsl:template>
```

Das durch dieses Template erzeugte Fragment sieht folgendermaßen aus:

```
aHuhn mit Rosmarinkartoffeln
bSelleriesuppe
```

xsl:text

Um das Ergebnis noch ein wenig schöner zu machen, können wir mit `<xsl:text>`... `</xsl:text>` noch weitere Zeichenfolgen hinter die Nummerierungszeichen schreiben:

Beispiel:

```
<xsl:template match="rezept">
  <xsl:number format="a"/>
  <xsl:text>) </xsl:text>
  <xsl:value-of select="ueberschrift1"/>
</xsl:template>
```

Das Ergebnis sieht dann so aus:

```
a) Huhn mit Rosmarinkartoffeln
b) Selleriesuppe
```

7.1.13 Variablen und Parameter

xsl:variable

Mit `<xsl:variable>` lassen sich Variablen definieren. Allerdings unterscheiden diese sich von denen anderer Programmiersprachen. So ist es nicht möglich, diese zur Laufzeit zu ändern, so dass sie im Grunde genommen eher als Konstanten zu bezeichnen sind.

Die Wertzuweisung der Variablen erfolgt entweder mit Hilfe des `select`-Attributes `<xsl:variable name="kcal" select="Kilokalorien"/>` oder – wenn ein längerer String auf der Variablen abgelegt werden soll – als Inhalt des Elements `<xsl-variable>`:

Beispiel:

```
<xsl:variable name="rezeptfuss_gesund">
  Guten Appetit! Mit diesem Rezept tun Sie sich etwas Gutes!
</xsl:variable>
<xsl:variable name="rezeptfuss_ungesund">
  Guten Appetit! Genießen Sie dieses Rezept nur in Maßen!
</xsl:variable>
```

Um die Variable aufzurufen (präzise: um ihren Inhalt in das Zieldokument zu schreiben), wird der Name der Variablen als Attributwert von <xsl:value-of> mit einem vorgestellten »$«-Zeichen in das Template geschrieben:

```
<xsl:template match="rezept">
   <xsl:if test="@typ='vegetarisch'">
      <xsl:apply-templates/>
      <p><xsl:value-of select="$rezeptfuss_gesund"/></p>
   </xsl:if>
   <xsl:if test="@typ='fleischrezept' and @
kalorien&gt;'1000'">
      <xsl:apply-templates/>
      <p><xsl:value-of select="$rezeptfuss_ungesund"/>
      <br/>(Das Rezept hat immerhin
      <xsl:value-of select="@kalorien"/> kcal.)</p>
   </xsl:if>
</xsl:template>
```

Beachten Sie bei diesem Beispiel auch den etwas komplexeren XPath-Ausdruck <xsl:if test="@typ='fleischrezept' and @kalorien>'1000'">. Hier werden nur solche Rezepte ausgewählt, die als Fleischrezept gekennzeichnet sind und gleichzeitig über 1000 Kalorien enthalten. Das vorgestellte »@«-Zeichen signalisiert, dass es sich um einen Attributwert handelt (Kurzschreibweise, vgl. das Kapitel 7.2 zu XPath). Die Zeichenfolge > ist die XML-Standard-Entity für »>« (greater than).

7.1.14 Einsatz und Grenzen von XSLT

Um XML-Daten in die gewünschten Zielstrukturen zu überführen (das kann auch eine InDesign-optimierte Form der XML-Daten sein, um zu einem möglichst hohen Grad an Satzautomation zu gelangen), ist XSLT die erste Wahl. Die Tatsache, dass es sich bei XSLT um einen offenen, weltweit gültigen Standard handelt und sämtliche erforderliche Komponenten als freeware verfügbar sind, hat maßgeblich zum Siegeszug von XSLT beigetragen.

Merke:
Gleichzeitig ist natürlich auch XSLT keine »Wunderwaffe«. Wie jede Technologie, so hat auch XSLT seine Grenzen. Die wichtigste ist implizit schon genannt worden:
XSLT »funktioniert« eigentlich nur, wenn als Eingabe-Datenformat bereits XML vorliegt!

XSLT ist daher nicht gut geeignet, um andere Formate nach XML zu überführen und ist damit kein universelles Konvertierungs-Tool. Auch sollte der Komplexitätsgrad, den ein Stylesheet erreichen kann, nicht unterschätzt werden. Müssen sehr umfangreiche DTDs ausprogrammiert werden und hierbei viele Bedingungen beachtet werden, wird ein Stylesheet schnell unübersichtlich.

Und natürlich gilt: Nur was in den Quelldaten strukturiert ist, kann auch gezielt transformiert werden. Das klingt banal, ist aber für den Einsatz von XML in der Verlagsbranche von zentraler Bedeutung. Schon an den sehr einfachen Beispielen wurde deutlich, dass erst die semantische Strukturierung der Daten eine gezielte und damit eindeutige Verarbeitung erlaubt. Ließen sich Informationen wie @kalorien oder <rezept> nicht ansteuern und auswerten (wäre die Musterinstanz also beispielsweise nur durch Absätze gegliedert), ließe sich keine der Beispielanwendungen umsetzen.

Auch für eine nachträgliche Semantisierung von XML-Instanzen ist XSLT eher ungeeignet, auch wenn mit XSLT 2.0 hier einige interessante Funktionen hinzugekommen sind. So ist es z. B. nur mit Mühe möglich, aus dem schwach strukturierten Text

```
<absatz>Zutaten: 1 Pfund Hackfleisch, 2 Zwiebeln, 1 kleine
reife Tomate</absatz>
```

das gewünschte Zielformat wie folgt zu erstellen:

Beispiel:

```
<rezept>
  <zutaten>
    <z-angabe>
      <menge>1 Pfund</menge>
      <zutat>Hackfleisch</zutat>
    </z-angabe>
    <z-angabe>
      <menge>2</menge>
      <zutat>Zwiebeln</zutat>
    </z-angabe>
    <z-angabe>
      <menge>1</menge>
      <zutat>kleine reife Tomate</zutat>
    </z-angabe>
  </zutaten>
</rezept>
```

Für solche Anforderungen sind andere Skriptsprachen besser geeignet. Häufig kommt hier z. B. die Sprache Perl in Kombination mit sogenannten regulären Ausdrücken zum Einsatz. Eine spannende und vielversprechende Alternative ist auch TXSTEP. TXSTEP ist eine open-Source-Skriptsprache, die ursprünglich als Analyse- und Texterschließungswerkzeug für die Geisteswissenschaften entwickelt wurde und große Stärken u. a. in der Mustererkennung hat. Die Syntax eines TXSTEP-Skripts ist an die von XSLT angelehnt; es ist ebenfalls durchgängig in XML geschrieben. TXSTEP kann daher von XSLT-Anwendern leicht erlernt werden.

Merke:

XSLT ist die Transformationssprache von XSL und dient dazu, *Stylesheets* zu erstellen, die die Umwandlung einer XML-Datei in eine andere Struktur steuern.

Die einzelnen Umwandlungsregeln innerhalb eines Stylesheets werden *Templates* genannt.

Die Verarbeitung des Stylesheets übernimmt ein *XSLT-Prozessor*.

Der Aufbau einer XSLT-Arbeitsumgebung ist mit unentgeltlich erhältlichen Werkzeugen möglich: Benötigt werden lediglich ein Editor zum Erstellen der Stylesheets und ein XSLT-Prozessor zum Verarbeiten derselben.

XSLT gehört mittlerweile so untrennbar zum Technologieumfang von XML wie die Erstellung eigener Dokumentvorlagen zu Word. Ein Verlag, der seine Daten in XML vorhält, sollte sich unbedingt auch mit XSL auseinandersetzen und die notwendige technische Infrastruktur vorhalten. Idealerweise können dann kleinere Transformationsskripte im Verlag selbst erstellt werden.

7.2 Eine kurze Einführung in XPath

7.2.1 Das XML-Datenmodell

Wir haben schon gesehen: XML-Dokumente folgen einer speziellen Syntax. Im Vordergrund stehen dabei XML-Elemente, die durch Start- und Ende-Tags beschrieben werden. Diese Elemente können andere Elemente beinhalten, was zu einer Containerstruktur und damit zu einem Elementbaum führt. Somit kann ein XML-Dokument, sobald es wohlgeformt ist, als Baum aufgefasst und dargestellt werden.

Knoten

XML-Dokumente bestehen jedoch nicht nur aus Elementen. Neben den Tags und dem Text selbst sind Attribute, Kommentare und Verarbeitungsanweisungen (»Processing Instructions«, (PI)) weitere elementare Bestandteile von XML-Dokumenten, die das XML-Datenmodell charakterisieren und auch in die Baumstruktur mit einfließen. Alle diese Komponenten werden in der XML-Welt als »Knoten« bezeichnet.

Ein XML-Baum besteht also aus einer Menge von Knoten unterschiedlichen Typs, nämlich aus: Element-, Attribut-, Kommentar-, PI- und Textknoten.

Neben diesen Knotentypen hat jedes wohlgeformte XML-Dokument noch einen weiteren Knoten, nämlich den sogenannten Wurzelknoten (Root Node). Der Wurzelknoten ist etwas sehr abstraktes, er wird nämlich durch keine Codierung dargestellt. Vielmehr kennzeichnet er ein XML-Dokument als Ganzes, unabhängig von der Struktur des Dokumentes. Alle Elemente, Attribute, Texte, Kommentare und Processing-Instructions eines Dokuments liegen »unterhalb« des Wurzelknotens.

Wir haben schon anhand von Beispielen gesehen, dass bei Single Source Publishing häufig nicht das gesamte XML-Dokument veröffentlicht werden soll, sondern gezielt bestimmte Informationen ausgewählt und verarbeitet werden müssen. Alle Knoten eines XML-Dokuments sind ansteuerbare Informationen, die Sprache für die Auswahl der Knoten ist XPath.

7.2.2 Syntax

Soll durch einen XML-Baum mit einem absoluten Pfad, also ausgehend von der Wurzel, nach unten navigiert werden, so dient der Wurzelknoten als Einstiegspunkt. In XPath-Syntax wird der »Wurzelknoten« durch einen Slash »/« dargestellt. Analog zu den Dateipfaden im Filesystem eines Rechners kann mit Hilfe eines XPath-Ausdrucks ein Pfad durch einen XML-Baum gelegt werden.

Soll nun – bezogen auf unser Kochbuch-Beispiel – auf den Elementknoten »kochbuch« navigiert werden, geschieht dies mit folgender XPath-Syntax:

Beispiel:

```
/kochbuch
```

Dabei steht der Slash »/« für den Wurzelknoten (nicht: das Wurzelelement!) und damit für den Einstieg in das XML-Dokument. Durch die Angabe des Elementnamens »kochbuch« ändert sich der aktuelle Kontext (der aktuell ausgewählte Knoten) und es wird der Elementknoten »kochbuch« selektiert.

Achsen

Da der XPath-Ausdruck keine explizite Angabe über die Navigationsrichtung (Achse) enthält, wird hier implizit die »Kind-Achse« angenommen und somit »absteigend« navigiert.

7.2.3 XPath zur Navigation in XML-Dokumenten

Entsprechend können beliebig lange XPath-Ausdrücke zusammengestellt werden:

Beispiel:

```
/kochbuch/kapitel/rezept
```

wählt beispielsweise alle Rezepte (und nur diese) aus dem Kochbuch aus.

Im Beispiel haben wir die Selektion von Elementknoten gesehen. Auch Attributknoten können mit XPath angesteuert werden. Da Attribute im XPath-Sinne keine Kinder von Elementen sind, kann hier nicht mit der bereits bekannten Kind-Achse gearbeitet werden. Vielmehr bedarf es einer speziellen Achse, um Attribute selektieren zu können. Das At-Zeichen »@« steht für die abgekürzte Schreibweise der Attributachse in XPath. Auch das wollen wir anhand eines Beispiels verdeutlichen:

Es sollen die Kategorien aller Rezepte selektiert werden. Dies geschieht mit folgendem XPath-Ausdruck:

Beispiel:

```
/kochbuch/kapitel/rezept/@kategorie
```

Da in unserem Beispiel alle Rezepte mit einer Kategorie versehen wurden, erhält man eine Ergebnismenge von Attributwerten, die gleich groß ist wie die Anzahl der Rezepte:

```
hauptgericht
vorspeise
```

Abhängig von der Hierarchietiefe und -breite eines XML-Dokuments erhält man als Ergebnismenge eines XPath-Ausdrucks unter Umständen eine sehr große Menge an Ergebnisknoten.

Prädikate

Um eine Knotenmenge eines XPath-Ausdrucks nach bestimmten Kriterien zu filtern, kommen Prädikate zum Einsatz. Ein erstes Beispiel für die Verwendung eines Prädikats soll die Einschränkung der Ergebnismenge aufgrund der Position eines Knotens sein. Soll beispielsweise nur das erste Rezept des Kochbuchs selektiert werden, müssen zunächst alle Rezepte ausgewählt und dann durch ein Prädikat gefiltert werden. Die dazugehörige XPath-Syntax lautet:

Beispiel:

```
/kochbuch/kapitel/rezept[1]
```

Die eckigen Klammern kennzeichnen ein Prädikat, die Ziffer darin die auszuwählende Position des zu selektierenden Rezepts.

Die Mächtigkeit von Prädikaten ist enorm und bei weitem nicht nur auf Positionsangaben beschränkt. So lassen sich auch boolesche und numerische Vergleiche, aber auch Vergleiche auf Stringebene durchführen. Eine entsprechende Anfrage an unsere Musterinstanz wäre die Frage nach allen vegetarischen Rezepten (also nach allen Elementen »rezept«, deren Attribut »typ« den Wert »vegetarisch« hat). Folgender XPath-Ausdruck könnte diese Anfrage an das XML-Dokument richten:

```
/kochbuch/kapitel/rezept[@typ="vegetarisch"]
```

Nach dem gleichen Prinzip können z. B. die Zutaten aller Rezepte selektiert werden, deren Kalorienanzahl größer als 1000 ist. Folgender XPath-Ausdruck leistet diese Anfrage:

```
/kochbuch/kapitel/rezept[@kalorien>1000]/zutaten
```

Durch die Verknüpfung von Prädikaten können Filter noch feiner spezifiziert werden. Das nachfolgende Beispiel selektiert alle Überschriften von Hauptspeisen, die einfach zuzubereiten sind:

```
/kochbuch/kapitel/rezept[@aufwand="niedrig"]
[@kategorie=" hauptgericht"]/ueberschrift1
```

7.2.4 XPath zur Analyse von XML-Dokumenten

Die bislang beschriebene Syntax von XPath dient der Selektion von Knoten, also der beliebig feinen Auswahl von Teilen eines XML-Dokuments.

Neben dieser wichtigsten Funktion wird XPath aber auch häufig als Analysesprache für XML-Dokumente eingesetzt. Hierfür kommen spezielle XPath-Funktionen zum Einsatz.

So lässt sich etwa durch die Verwendung der XPath-Funktion »`count`« ermitteln, wie viele Rezepte im Kochbuch vorhanden sind. Der Ausdruck

Beispiel:
```
count(/kochbuch/kapitel/rezept)
```

gibt für unser XML-Dokument den Wert »2« zurück.

In XPath 1.0 existieren 26 Funktionen für rechnerische Operationen, Stringmanipulationen etc.

7.2.5 Absolute Pfadangaben/relative Pfadangaben

Während wir es in obigen Beispielen ausschließlich mit absoluten XPath-Pfaden zu tun hatten (also den Einstiegspunkt in das Dokument immer ausgehend vom Wurzelknoten gewählt haben), werden in Sprachen wie XSLT häufig *relative Pfade* benötigt, um ausgehend von einem beliebigen Kontextknoten in alle Richtungen navigieren zu können. Relative Pfade unterscheiden sich von absoluten Pfaden darin, dass sie nicht mit einem Slash »/« – also nicht ausgehend vom Wurzelknoten – beginnen.

In unserem Beispiel sei das Element `<ueberschrift1>` des ersten Rezepts der aktuelle Kontextknoten, also die Position, an der die XML-Verarbeitung mit XSLT gerade angekommen ist. Wenn nun hinter der Überschrift die Kalorienangabe eingesetzt werden soll, ist zunächst Sprung zum Elternelement – also quasi rückwärts – erforderlich, denn das Attribut `@kalorien` ist nicht Bestandteil der Überschrift, sondern des Elternelements `<rezept>`. Dieser Sprung »nach oben« erfordert einen relativen

Pfad, in diesem Fall den XPath-Ausdruck »..«. Durch diesen wird eine Ebene höher auf den Elementknoten »rezept« gesprungen:

Beispiel:

```
../@kalorien
```

Auch beim Einsatz von relativen Pfaden sind die einzelnen Navigationsschritte kombinierbar.

Merke:

Neben den Eltern- und Kindachsen stehen in XPath weitere 11 Achsen zur Navigation in XML-Dokumenten zur Verfügung. Die Syntax für die Angabe einer Achse lautet
`Achsenname::Knotentest`

Häufig verwendete Achsen, wie die implizite Kindachse oder die Elternachse, können in XPath mit einer abgekürzten Schreibweise verwendet werden – wir haben dies in den bisherigen Beispielen stillschweigend getan. In ausführlicher Schreibweise würde das Beispiel

```
/kochbuch/kapitel/rezept[1]
```

also lauten:

```
/child::kochbuch/child::kapitel/child::rezept[1]
```

Analog lautet das oben genannte Beispiel zur Navigation zum Elternelement:

```
parent::rezept/attribute::kalorien
```

Nicht für alle Achsen gibt es eine Kurzschreibweise.

Die dreizehn Achsen in XPath lauten:

Info:

`ancestor::`	(Vorfahren, d. h. übergeordnete Knoten)
`ancestor-or-self::`	(Vorfahren sowie der aktuelle Kontextknoten)
`attribute::`	(Attributknoten)
`child::`	(Kinder, d. h. direkt untergeordnete Knoten)
`descendant::`	(Nachfahren, d. h. alle untergeordneten Knoten)
`descendant-or-self::`	(alle Nachfahren sowie der aktuelle Knoten)
`following::`	(alle weiter hinten im Dokument stehenden Knoten, ohne die untergeordneten Knoten)
`following-sibling::`	(alle weiter hinten stehenden Geschwister-Elemente)
`namespace::`	(Namensraum-Knoten)
`parent::`	(Elternknoten, d. h. direkt übergeordnete Knoten)
`preceding::`	(alle weiter vorne im Dokument stehenden Knoten, ohne die übergeordneten Knoten)
`preceding-sibling::`	(alle weiter vorne stehenden Geschwister-Elemente)
`self::`	(der Kontextknoten selbst)

Merke:
XPath dient zum präzisen Navigieren durch XML-Dokumente, d. h. zum Auffinden von beliebigen Knoten.
Als Knoten wird jede annavigierbare Einheit innerhalb eines XML-Dokuments bezeichnet, neben dem gesamten Dokument also Elemente, Attribute, Kommentare, Processing Instructions und der Text selbst.
Jede XML-Datei kann in einer Baumstruktur dargestellt werden. Es gilt, alle Teile dieses Baumes maschinell verarbeitbar zu machen – dafür müssen sie durch XPath-Ausdrücke adressierbar sein.

Wir haben nun mit XML, der DTD bzw. dem XML Schema, HTML, CSS, dem EPUB-Standard, XSLT und XPath alle relevanten Standards kennengelernt, die beim crossmedialen Publizieren zum Einsatz kommen. Im technologischen Verständnis sind wir damit ein entscheidendes Stück weitergekommen – nun gilt es, die geeigneten Verfahren auszuwählen, die Technologien anwenderfreundlich ineinander zu verzahnen und Abläufe zu entwickeln, die es den Mitarbeiterinnen und Mitarbeitern des Verlages erlauben, effizient und qualitativ hochwertig Publikationen zu erstellen.

Teil III: Strategien zum crossmedialen Workflow

8 Printproduktion und XML – spezifische Probleme der Verlage

Wenn wir nun – voller Euphorie und Begeisterung für die neuen Technologien – einen datenseitig optimierten Workflow entwickeln, so droht die Gefahr, dass wir »vom (Datenqualitäts-)Regen in die (Typographie-)Traufe kommen«. Dem aufmerksamen Leser wird es nicht entgangen sein, dass wir uns im Zusammenhang mit XML bislang kaum mit dem Hauptprodukt der Verlage, nämlich den gedruckten Büchern und Zeitschriften, Loseblattwerken und anderen Printprodukten, beschäftigt haben.

Und leider lässt sich die etablierte und bewährte Printproduktion bei weitem nicht so einfach in einem XML-Workflow abbilden, wie das den Anschein haben mag. Es lohnt sich, die Ursachen hierfür zu ergründen; erst dann besitzen wir die Schlüssel zum Entwickeln eines erfolgreichen Workflows.

8.1 Stolperstein 1: Layoutintensive Einzeltitel lassen sich nicht automatisieren

Es gibt eine ganze Reihe von Verlagsprodukten, die sich im Satz nicht für eine Abbildung in XML eignen. Anders ausgedrückt: Es sollte immer einen benennbaren und triftigen Grund geben, um einen Titel in XML zu produzieren – andernfalls droht ein »Over-Engineering«. Die Produktion wird dann teurer und mühsamer, ohne dass sich der Aufwand im Mindesten lohnt.

Das wichtigste Argument für XML in der Druckvorstufe ist die Automatisierbarkeit der Satzarbeiten. Bei vielen Titeln greift jedoch genau dieses Argument nicht. Je individueller eine (Doppel-)Seite gestaltet ist, umso weniger lässt sie sich automatisiert erstellen. Es lohnt sich schlicht nicht, für die Gestaltung jeder einzelnen Seite zunächst jeweils ein neues Template anzulegen, um dann genau eine Seite damit zu produzieren.

Mehr noch: Die Layoutsysteme (InDesign, Quark XPress) unterstützen XML nur rudimentär. Komplexe XML-Strukturen lassen sich nur mit großer Mühe oder gar nicht in diesen Systemen verarbeiten. Das »Roundtripping«, das eine Voraussetzung für einen XML-first-Workflow ist, ist häufig nicht möglich.

Viele Verlagstitel aus dem Bereich Kinderbuch, Schulbuch, Kunstbände, aber auch Ratgeber, Lifestyle-Zeitschriften etc. sind entsprechend layoutintensiv. Möchte der Verlag aus denselben Inhalten (nicht: mit derselben Gestaltung!) dennoch elektronische Produkte ableiten, so muss er sich einer zentralen Frage stellen: Ist die individuelle Gestaltung tatsächlich so wichtig für mein gedrucktes Werk – oder ist sie eher eine Folge gewachsener Abläufe? Verliert eine Ratgeberreihe wirklich an gestalterischer Finesse, wenn die Gestaltung klaren Regeln folgt oder kann der Einstieg in die Welt des crossmedialen Publizierens nicht auch ein guter Anlass sein, gestalterische Sachzwänge zu hinterfragen?

Schöne, individuell gestaltete Bücher sind ein wichtiger Bestandteil unserer Kultur. Es darf – und muss – nicht sein, die Finesse dieser Titel dem Diktat der Mehrfachverwertung zu opfern.

Wenn der individuellen Gestaltung auch weiterhin der Raum gewährt werden soll, den sie bisher hatte (das sollte eine bewusste Entscheidung sein) und kein Content Management System zum Einsatz kommen kann (vgl. weiter unten Kap. 9.4), so bleibt als Strategie für die elektronische Nutzung der Inhalte immer noch eine »XML-last«-Produktion, d. h. eine nachträgliche Konvertierung der Satzdaten nach XML – mit den beschriebenen workflow-technischen Schwächen, die dieser nachgelagerte Prozessschritt mit sich bringt.

8.2 Stolperstein 2: Die Daten werden erst im Satzprozess auskorrigiert

Alle unsere Überlegungen im Zusammenhang mit dem »Single Source-Publishing« sind von der Annahme ausgegangen, dass es im Verlag bereits XML-Daten gibt, die veröffentlichungsreif vorliegen. Damit die Daten veröffentlicht werden können, müssen sie selbstverständlich zunächst einen redaktionellen Korrekturzyklus durchlaufen haben. Und genau hier steckt für viele Verlage ein konzeptioneller Widerspruch: Dieser Korrekturzyklus findet nämlich in aller Regel erst während der Satzarbeiten statt!

Was früher zu Bleisatzzeiten gar nicht anders möglich war, hat sich bis in die modernen Verlagsabläufe gehalten und wird selten hinterfragt. Schließlich ist das Printprodukt immer noch das primäre Produkt der Verlage, die anderen Produkte sollen daraus abgeleitet werden. Das ist ein konzeptioneller Fehler. In einem contentzentriert arbeitenden Verlag sollte das Buch lediglich eines (wenn auch das wichtigste) von mehreren gleichberechtigt extistierenden Produktformen sein und aus demselben Datenbestand erstellt werden können.

Der Weg dahin ist weit und er funktioniert wohl nur, wenn es einen standardisierten Korrekturzyklus geben kann, der entweder am Bildschirm (direkt in den XML-Daten, was aber kein effizientes Korrekturlesen erlaubt) oder anhand eines standardisierten Kontrollausdrucks (z. B. auf der Grundlage von XSL-FO) erfolgt. Viele Verlage lehnen dies kategorisch ab, da es einen zu großen Paradigmenwechsel bedeuten würde, nicht mehr dem Produkt (Buch), sondern dem abstrakten Content die redaktionelle Aufmerksamkeit zu widmen. Um dennoch die Satzarbeiten in die XML-Prozesskette zu integrieren, bedarf es des sogenannten »Roundtrippings«. Hiermit wird die Fähigkeit eines Satzsystems bezeichnet, XML-Daten nicht nur zu importieren, sondern nach Abschluss der Satz- und Korrekturarbeiten in derselben bzw. einer korrigierten Fassung auch wieder zu exportieren. Werksatzsysteme beherrschen das Roundtripping in der Regel sehr gut – die Layoutsysteme wie z. B. InDesign oder QuarkXPress haben hier hingegen große Schwächen. Verlage, die ein layoutlastiges Programm haben oder sich aus anderen Gründen (Bedienkomfort, breiteres Dienstleisterspektrum) für die Satzproduktion in einem Layoutsystem entschieden haben, müssen sich dieses Problems bewusst sein.

Durch geeignetes Skripting ist es möglich, auch mit Programmen wie InDesign in gewissem Rahmen ein zuverlässiges Roundtripping zu erreichen. Die Zuverlässigkeit und Stabilität von Werksatzsystemen werden diese Programme hinsichtlich der XML-Datenstruktur aber wohl kaum je erreichen.

8.3 Stolperstein 3: Verlagsdaten enthalten überdurchschnittlich viel »Mixed Content«

Als »Mixed Content-Elemente« hatten wir diejenigen Elemente in XML bezeichnet, in denen gemäß DTD sowohl textliche Inhalte als auch weitere XML-Elemente zulässig sind. So wird in einem Absatz selten nur Text, sondern stets auch eine Kursivierung oder Hochstellung zulässig sein.

Was aber ist das Problem mit Mixed Content? Die Antwort ist frustrierend: Es ist fast unmöglich, in jedem Fall aber deutlich aufwändiger, eine DTD mit vielen Mixed Content-Strukturen im Satz vollständig auszuprogrammieren. Ein kleiner Ausschnitt aus einer Muster-DTD mag dies belegen.

Beispiel:

```
<!ELEMENT absatz (#PCDATA | fussnote | marginalie | fett |
kursiv | tabelle)*>
<!ELEMENT fussnote (#PCDATA | fett | kursiv | tabelle)*>
<!ELEMENT marginalie (#PCDATA | fussnote | fett | kursiv)*
<!ELEMENT tabelle (#PCDATA | fussnote | fett | kursiv )*>
<!-- Das Tabellenmodell ist hier stark vereinfacht dargestellt
-->
<!ELEMENT fett (#PCDATA | fussnote | marginalie | kursiv)*>
<!ELEMENT kursiv (#PCDATA | fussnote | marginalie | fett)*>
```

Jede einzelne der vordergründig hier in der DTD beschriebenen Strukturen ist wichtig und wird im Verlag mit Sicherheit benötigt. Warum sollte in einem Absatz keine Fussnote vorkommen? Warum sollte in einer Fussnote keine Kursivierung vorkommen? Und warum sollte in einer kursiven Textpassage kein Fussnotenaufruf stehen?

Schon an diesem sehr einfachen Beispiel sieht man, wie viele Kombinationen von Elementen im Satz ausprogrammiert werden müssen:

»fett in absatz«
»fett in kursiv in absatz«
»fett in fussnote in kursiv in absatz«
»fett in fussnote in marginalie in kursiv in absatz«
Bis hin zu den nicht beabsichtigten, aber möglichen Strukturen wie
»fussnote in fett in fussnote«
und so weiter und so weiter...

Verlagsprodukte leben vom freien Schreiben der Autoren, und es ist nicht zielführend, die Möglichkeiten der Textauszeichnung nur der leichteren Verarbeitung halber einzuschränken.

Viel einfacher mit dem automatisierten Satz tun sich weite Teile der Industrie, die Kataloge oder technische Dokumentationen aus Datenbanken heraus publizieren. Auch diese Publikationen erfolgen über XML – nur ist hier weder ein Roundtripping (siehe oben) erforderlich, noch gibt es ein freies Schreiben. Im Gegenteil, meist wird ein Datenbankfeld (z. B. die Bestellnummer eines Produktes) genau und eindeutig immer einer typographischen Umsetzung zugewiesen. Für diese Form des XML-Publishing sind auch die Layout-Systeme wie InDesign sehr gut geeignet und darauf bezieht sich auch deren Aussage, »xml-fähig« zu sein. Doch das reicht Verlagen bei weitem nicht aus – die Struktur des Contents ist hier weit komplexer (im Sinne der möglichen Vielfalt von vorkommenden Strukturen) und vor allem nicht vorhersehbar.

8.4 Stolperstein 4: Nicht jedes Satzsystem beherrscht XML

Wir haben es schon mehrfach angesprochen: Ein Satzsystem ist – genau wie ein Browser – eigentlich ein Ausgabesystem. Es hat den Zweck, unformatierte Quelldaten in ein druckfähiges PDF-Dokument zu überführen. Natürlich können in einem Satzsystem Korrekturen ausgeführt werden – gleichwohl ist es aber kein Editor, schon gar kein XML-Editor. Genau als solcher muss es aber fungieren, wenn die Korrekturen erst im Satz ausgeführt werden und die Daten anschließend wieder in das XML-System des Verlages zurückgespeichert werden sollen. Doch auch abgesehen von dieser fehlenden Eignung der Satzsysteme – sie sind dafür ja nie entwickelt worden – gibt es leider bei vielen Systemen noch weitere Mängel in der XML-Verarbeitung. Exemplarisch seien hier die beiden größten Schwächen in der XML-Verarbeitung beim Marktführer der Layoutsysteme, InDesign, aufgeführt.

InDesign liest eine XML-Datei nur als »flachen Datenstrom« ein, kann also die Abhängigkeiten, die sich aus der Baumstruktur ergeben, nicht auswerten, um sie auf eigene Stilvorlagen abzubilden. Es gibt lediglich die Möglichkeit, den einzelnen Tags Formate zuzuweisen, nicht aber (wie es z. B. in CSS möglich ist oder wie wir es in XSLT mit den Möglichkeiten von XPath gesehen haben) die Formate abhängig von der Position des Elements im XML-Baum zuzuweisen.

Durch Skripting können diese Schwächen zumindest teilweise umgangen werden, so dass bis zu einem gewissen Komplexitätsgrad der Titel ein Roundtripping möglich ist.

8.5 Stolperstein 5: Viele Verlage haben eine geringe Zweitverwertungstiefe

Ein großer Teil der Verlage hat ein stark von Novitäten geprägtes Programm. Hier ist die Zweitverwertungstiefe viel geringer als bei Verlagen, die die Inhalte ihrer Backlist in immer neuen Aktualisierungen (z. B. im Fachinformations-/Loseblattbereich) oder Zusammenstellungen (z. B. bei Ratgeber- und Kochbuchverlagen) wiederverwerten können. In der Belletristik haben viele Publikationen nur einen relativ kurzen Produktlebenszyklus. Dieser kann zwar durch die Zweitverwertung als E-Book verlängert werden und somit über die sogenannte »long tail« noch zusätzliche Umsätze erzielt werden, in der Summe aber bleibt die Verwertungskette mit Buch → E-Book sehr kurz. Ein Verlag, der aus einem Buchrecht, das er erwirbt, nur eine oder zwei Zweitverwertungen ausspielen kann, wird sich für eine sehr viel pragmatischere Lösung für deren Produktion entscheiden als ein Verlag, bei dem der selbe Datenbestand – redaktionell laufend aktualisiert und/oder neu zusammengestellt – über Jahre immer wieder publiziert werden kann und muss.

9 Automatisieren der Printproduktion

Man muss diese branchenspezifischen Besonderheiten kennen – verunsichern lassen dürfen wir uns davon freilich nicht. Denn allen Schwierigkeiten zum Trotz: Für einen großen Teil der Buch- und Zeitschriftenproduktion der Verlage eignet sich ein XML-basierter Druckvorstufen-Workflow ganz hervorragend. Nachdem wir die Vor- und Nachteile eines XML-first bzw. XML-last-basierten Workflows im Kap. 5.2.2 schon ausführlich besprochen haben, wollen wir uns nun der konkreten technischen Umsetzung zuwenden: Wie muss man sich eine XML-basierte Printproduktion in der Praxis vorstellen?

9.1 Konvertierung der Manuskriptdaten nach XML

Allen XML-first-Workflows ist zunächst gemein, dass die Manuskript-Daten vor Beginn der Satzarbeiten nach XML umgewandelt werden. Dabei ist es zunächst unerheblich, in welchem Quelldatenformat die Manuskriptdaten vorliegen – es ist immer ein Konvertierungsschritt nach XML erforderlich, solange der Autor nicht direkt in XML geschrieben hat. Um auch den Konvertierungsschritt möglichst zu automatisieren, der ansonsten sehr aufwändig werden kann, wird ein Verlag jedoch stets um eine einheitliche Ausgangsdatenbasis bemüht sein.

Arbeit mit Dokumentvorlagen

Der meist beschrittene Weg ist dabei die Arbeit mit einer verbindlichen Dokumentvorlage in Word. Wird diese konsequent eingesetzt, so sind die Manuskriptdaten bereits mit ersten Strukturen angereichert, die sich automatisiert nach XML konvertieren lassen. Leider bieten Word und die anderen Textverarbeitungsprogramme nicht die Möglichkeit einer echten Strukturprüfung wie bei einer DTD, so dass eine »Fehlbedienung« der Dokumentvorlage nicht ausgeschlossen werden kann. Eine vollautomatische Konvertierung von Word-Daten nach XML ist daher in der Praxis erst nach einer Phase des internen Copy-Editings realistisch. Viele Verlage bleiben daher für die Lektorats-/Redaktionsphase noch im Word-Format (auch, um die Daten mit dem Autor problemlos austauschen zu können) und nutzen diesen Prozessschritt, um die Daten einer ersten strukturellen Konsolidierung zu unterziehen.

9.2 Qualitätssicherung der XML-Daten

Konventionen

Den Abschluss der Konvertierung sollte stets eine systematische Qualitätssicherung der XML-Daten darstellen. Nur wenn die Daten wirklich allen Anforderungen und Vorgaben des Verlages entsprechen, werden die nachgelagerten Satzprozesse automatisiert erfolgen können. Hierfür reicht es nicht aus, dass die Regeln der DTD eingehalten wurden. Vielmehr muss abgeprüft werden, ob von der Vielzahl der zulässigen Elemente auch an jeder Stelle die richtigen eingesetzt worden sind. Daneben gibt es in der Regel eine Reihe von Verlagskonventionen (auch als »Business Rules« bezeichnet), die die korrekte Anwendung der DTD regeln. Typische Beispiele hierfür sind:

- wann wird eine Struktur als Liste, wann als Tabelle erfasst?
- eine Überschrift darf nur am Anfang einer neuen Sinneinheit (Kapitel, Infokasten, ...) stehen
- Bildlegenden werden immer mit dem Bild zusammen in einen gemeinsamen Container gestellt
- Mikrotypographische Festabstände sollen als Unicode-Zeichen in die Daten eingebracht werden

Schematron

Um solche und andere Konventionen abzuprüfen, gibt es eigene Skriptsprachen. Die bekannteste ist Schematron, eine XML-basierte Sprache zur Überprüfung von XML-Dateien nach festzulegenden Regeln. Das Schematron-Skript wird in die Oberfläche des XML-Editors eingebunden und vom Anwender auf Knopfdruck gestartet. Dieser erhält dann ein Fehler/Warnhinweis-Protokoll mit Verstößen gegen die festgelegten Konventionen und kann die Daten entsprechend korrigieren.

Die Konvertierung muss dabei freilich nicht im Verlag stattfinden. Viele Verlage entscheiden sich auch für einen XML-first-Workflow, bei dem die Konvertierung und die Verantwortung für die Datenqualität beim Vorstufen-Dienstleister liegt.

Mit Abschluss der Qualitätssicherung sind die Daten optimal für die automatisierte Satzproduktion vorbereitet. Je nach Verlagsprogramm kommen hierfür die unterschiedlichsten Satzsysteme zum Einsatz – die nicht alle gleich gut mit XML umgehen können und auch den Anspruch an das »Roundtripping« unterschiedlich gut erfüllen.

Betrachten wir daher die verschiedenen Satzsysteme etwas näher.

9.3 Unterscheidung der Satzsysteme nach Software-Gattungen

Früher wurden die Satztechniken nach ihrer Ausgabe unterschieden, also nach der technischen Form des Ergebnisses des Satzprozesses. Bleisatz, Fotosatz, Lichtsatz führten zu grundsätzlich unterschiedlichen Zwischenprodukten, und es war eine der Aufgaben des Herstellers im Verlag, die richtigen technischen Partner im Bereich Druckvorstufe – Druckformherstellung – Druck zusammenzubringen.

Eine solche Unterscheidung gibt es heute nicht mehr. Als Ausgabeformat (fast) jedes Satzverfahrens hat sich PDF, das »portable document format«, durchgesetzt. Der Hersteller muss sich also um das Zielformat für den Druck weniger Gedanken machen als früher. An Stelle dessen kommen andere Kriterien ins Spiel, um die wir wissen müssen.

9.3.1 Layoutsatzsysteme

Die heute bekannteste und am weitesten verbreitete Gattung ist die der Layoutsysteme, früher auch DTP-Systeme (desktop publishing-Systeme) genannt. Die bekanntesten Vertreter dieser Sparte sind die Softwareprodukte Adobe InDesign sowie QuarkXPress. Allen diesen Programmen ist gemein, dass der Bearbeiter direkt in der »Druckansicht« arbeitet, also in einer verbindlichen Vorschau dessen, wie das Produkt später in gedruckter Form aussehen wird. Für diese Arbeitsweise hat sich das Kürzel WYSIWYG (»what you see is what you get«) etabliert. Diese Arbeitsweise ist sehr komfortabel und intuitiv, so dass sich die Systeme dieser Art stark am Markt durchsetzen konnten.

WYSIWYG

Auch in vielen Verlagen finden sich Layoutsatzsysteme im Einsatz. Sei es, dass ganze Teile der Buch- oder Zeitschriftenproduktion im Hause durchgeführt werden, sei es, dass sie für Umschlag- und Werbemittelproduktion eingesetzt werden. Während die Werksatzsysteme (s. u.) fast ausschließlich in spezialisierten Vorstufenbetrieben zu finden sind, gehört der geübte Umgang mit einem Layoutsystem heute in den meisten Verlagen zur fast selbstverständlichen Voraussetzung bei der Arbeit in der Herstellung.

Ihre Stärken spielen die Layoutsysteme immer dann aus, wenn es sich um layoutintensive Arbeiten handelt, bei denen die einzelne Druckseite individuell gestaltet werden muss. Zeitschriften, Ratgeber, Kinderbücher, Kochbücher, aber auch Teile der wissenschaftlichen Literatur benötigen eine sehr individuelle Behandlung einzelner Textfragmente sowie eine aufwändige Text-Bild-Integration. Hier ist eine unmittelbare Arbeit im Layout unverzichtbar, um zuverlässig zu den gewünschten Ergebnissen zu gelangen.

Lange Zeit sah es so aus, als würden die Layoutprogramme alle anderen Satzwerkzeuge vom Markt verdrängen. Seit der zunehmenden Ausrichtung der Verlage auf elektronische Medien jedoch kommt ein neuer Aspekt hinsichtlich der Auswahl der Satzsoftware hinzu, nämlich deren Eignung zur Erstellung bzw. Verarbeitung medienneutraler Daten. Hier wiederum ist die starke Ausrichtung auf das (Print-)Layout – also auf eine konkrete Produktform – eher hinderlich. Die Verarbeitung von XML-Daten weist nach wie vor noch große Schwächen auf. Dies gilt insbesondere hinsichtlich des sogenannten »Roundtrippings«, also der Fähigkeit, dieselbe Datenstruktur, die importiert wurde, nach Abschluss der Umbrucharbeiten auch wieder verlustfrei zu exportieren. Auch hinsichtlich der Automatisierung und Verarbeitung großer Datenmengen haben andere Programme, insbesondere die Werksatzsysteme, deutliche Vorteile.

Roundtripping

Die gängigen Layoutprogramme verfügen mittlerweile über ein eigenes XML-Import- und -Export-Format. Dieses XML hat allerdings mit dem, was wir bisher kennengelernt haben (und was der Verlag strategisch benötigt), nicht viel gemeinsam. Vielmehr handelt es sich um eine Abbildung der fertigen Layout-Datei in einer XML-Syntax. Bei InDesign heißt dieses XML-Format IDML, die »InDesign Markup Language«. Eine IDML-Datei ist dabei ein ZIP-Container, in dem insgesamt zehn verschiedene XML-Dateien und einige andere Dateien mehr eingebunden sind: Eine XML-Datei beinhaltet die Font-Information, eine andere den Text, eine dritte die Metadaten usw. Wenn InDesign eine IDML-Datei übergeben bekommt, so ist das quasi gleichwertig mit der Übergabe einer »normalen« InDesign-Datei – die Seite wird fertig layoutet am Bildschirm dargestellt.

Einige der großen Media Asset Management Systeme, die die Verlagsdaten intern in XML abspeichern, nutzen IDML zur automatisierten Satzausgabe. Über XSLT wird dann innerhalb des Systems aus dem Verlags-XML IDML erstellt und dieses an InDesign übergeben.

Neben IDML verfügt InDesign auch über eine native XML-Schnittstelle, d. h. es beinhaltet die Möglichkeit, direkt Verlags-XML zu importieren und einem Layout zuzuweisen. Leider ist die XML-Unterstützung hier noch sehr mangelhaft. So gibt es z. B. keine Möglichkeit, die Baumstruktur auszuwerten; auch können Attributwerte nicht ausgewertet werden. Die größte Schwierigkeit bei der Verarbeitung von XML-Daten ist jedoch – wie schon beschrieben – das mangelhafte Roundtripping. Mögliche Abhilfe verschafft hier nur der Einsatz von PlugIns, die den XML-Import und -Export verbessern und die (noch) bestehenden Schwächen dieser Software hinsichtlich der XML-Unterstützung so weit wie möglich beheben.

9.3.2 Textverarbeitungsprogramme

Die Textverarbeitungsprogramme (z. B. Microsoft Word) bilden eine eigene Softwarekategorie und gehören im engeren Sinne nicht in den Bereich der Satzsysteme. Ihr Haupteinsatzgebiet innerhalb der Verlagsbranche ist nach wie vor die Erstellung und Korrektur von Texten im Manuskriptstadium, also vor Beginn der eigentlichen Satzarbeiten. Entsprechend ist auch der Funktionsumfang dieser Programme stärker auf komfortable Editier- und weniger auf die Layoutfunktionen ausgerichtet. Selbstverständlich aber verfügen sie mittlerweile über gute Möglichkeiten der Textgestaltung und werden in bestimmten Einsatzgebieten auch zur Satzproduktion eingesetzt. Insbesondere dann, wenn die Autoren selbst druckreife Vorlagen liefern sollen – üblich z. B. bei Dissertationen – wird das Programm, mit dem das Manuskript erstellt wurde, häufig auch zu dessen finaler Formatierung herangezogen.

Auch einige professionelle Setzereien haben sich in bestimmten Nischen für die Satzproduktion mithilfe eines Textverarbeitungsprogramms entschieden. Der größte Vorteil hierbei liegt sicherlich darin, dass die Daten vom Autor in aller Regel ohne Konvertierung übernommen – und auch konvertierungsfrei wieder an ihn zurückgegeben werden können. Das führt zu extrem schlanken und damit kostengünstigen Abläufen. Wo also die typographischen Möglichkeiten eines Textverarbeitungsprogramms ausreichen, ist es durchaus legitim, diese Software auch bis zur Lieferung von Druckvorlagen (PDF) einzusetzen.

Das Microsoft-Produkt Word nimmt in dieser Softwaregattung eine dominante Stellung ein. Auf fast jedem Arbeitsplatzrechner im Verlag ist Word installiert; ein souveräner Umgang damit ist Voraussetzung für fast jede Position in der Verlagsbranche. Auch die meisten Autoren, Übersetzungsbüros und Korrektoren liefern die Manuskripte im Word-Format an den Verlag. Entsprechend ist der Arbeitsschritt »Konvertierung von Word-Daten« ein zentrales Thema in fast allen Verlagen – das gilt umso mehr, seit Word nicht nur als Eingangsformat für ein Satzsystem dient, sondern daraus zunächst qualitativ hochwertige XML-Daten erstellt werden sollen.

Wird in einem Verlag direkt aus Word gesetzt, so bleibt für die Ausleitung von XML-Daten nur das »XML-last«-Prinzip. Ähnlich wie die Layout-Systeme verfügen auch Word und die anderen gängigen Textverarbeitungsprogramme über eigene XML-Formate, die allerdings auch wieder nur den Zustand und Aufbau der Word-Datei beschreiben. Häufig kann dieses Format allerdings als Eingangsformat für eine Konvertierung herangezogen werden. Eine gute Alternative ist oft auch der HTML-Export aus Word, um von dort aus über XSLT in das gewünschte Ziel-XML-Format zu gelangen.

9.3.3 Werksatzsysteme

Regelbasierter Umbruch

Was ein Werksatzsystem genau zu einem solchen macht, lässt sich wohl am besten in der Abgrenzung zu den Layoutsystemen erklären: Wo diese ihre Schwächen haben, haben die Werksatzsysteme ihre Stärken – und umgekehrt. Ein Werksatzsystem (prominente Vertreter sind z. B. APP (ehemals 3B2) und Miles Oasys) kommt immer dann zum Einsatz, wenn hohe Textvolumina zu bewältigen sind und/oder ein hoher Automationsgrad der Satzarbeiten gewünscht ist. Klassische Einsatzbereiche sind Fachinformationen, Wissenschaft, Loseblattproduktion, lexikalische Werke, Wörterbücher und Belletristik. Ein Werksatzsystem verfolgt nicht den Ansatz des interaktiven Arbeitens im Umbruch (wysiwyg, s. o.), sondern der regelbasierten Verarbeitung vorstrukturierter Texte.

Das regelbasierte Arbeiten führt zu hohen Verarbeitungsgeschwindigkeiten. Umbruchleistungen von mehreren 100.000 Seiten pro Minute sind möglich. Diese Zahl alleine jedoch hat keine hohe Aussagekraft, stehen im Vorfeld der eigentlichen Satzproduktion doch häufig Tage – oder auch Wochen – an Zeiten für die Satzeinrichtung, um diesen hohen Automationsgrad zu erzielen. Entsprechend lohnt sich der Einsatz vor allem immer dann, wenn es sich um wiederkehrende Arbeiten handelt. Damit ist diese Kategorie von Satzsoftware prädestiniert für den Einsatz in XML-Workflows: hier wird die stets gleiche, geprüfte Datenstruktur verarbeitet.

Werksatzsysteme erleben deshalb in bestimmten Bereichen der Branche eine regelrechte Renaissance, da sie i. d. R. voll Roundtripping-fähig sind. Dieselbe Datenstruktur, die in das System geladen wird, steht also auch nach Abschluss der Satzarbeiten wieder zur Verfügung. Während bei den Layoutsatzsystemen eine Konvertierung in ein proprietäres Datenformat stattfindet und eine eindeutige Rückführung der importierten Strukturen nicht garantiert werden kann, findet bei Werksatzsystemen keine Eingangs-Konvertierung statt. XML-Daten können meist ohne Zwischenschritt verarbeitet und am Ende der Arbeiten wieder exportiert werden. Für integrierte XML-Workflows ist dies eine wichtige Forderung, um ohne erneute Konvertierungsschritte mit den auskorrigierten (Satz-)Daten weiterarbeiten zu können.

9.3.4 Vollautomatisierter Satz

XSL-FO

Eine Sonderstellung unter den Satzsystemen nimmt der Bereich »vollautomatisierter Satz« ein. Der prominenteste Vertreter dieser Gattung ist XSL-FO. XSL-FO selbst ist allerdings kein Satzsystem, sondern ein XML-basiertes Standard-Format von Satzanweisungen und Beschreibungen des Seitenaufbaus. Eine XSL-FO-Datei beschreibt also nur, was ein nachgelagertes »Satzsystem« tun soll. Es gibt mehrere solcher Systeme, die den XSL-FO-Standard unterstützen und umsetzen. Sie zeichnen sich alle dadurch aus, dass kein interaktiver Eingriff in den Umbruch-Prozess möglich ist (außer, die Eingangs-Daten zu modifizieren). Sie werden daher auch nicht Satzsystem, sondern FO-Prozessor genannt. XSL-FO ist ein W3C-Standard (siehe Kap. 7.1.1).

XSL-FO spielt innerhalb der Verlagsbranche im professionellen Satz bislang eine eher untergeordnete Rolle. Dies liegt allerdings nicht daran (wie häufig vermutet wird), dass das mit dieser Technologie zu erreichende Satzbild nicht professionellen Ansprüchen genügen könnte. Es müssen vielmehr einige Rahmenbedingungen zusammenkommen, dass sich ein XSL-FO-Einsatz lohnt und praktisch durchführbar ist.

Zunächst: Die Daten müssen vor Beginn der Satzarbeiten auskorrigiert sein – oder zumindest publikationsreif in XML vorliegen. Nur dann ist ein vollautomatischer Satzprozess sinnvoll und möglich. Jede Korrektur, jeder manuelle Eingriff muss in den Quelldaten vorgenommen werden.

Zweitens: Der Aufwand, XSL-FO einzusetzen, lohnt sich nur bei streng wiederkehrender Typographie, die vorhersehbar keine manuellen Eingriffe erfordert. Auch wenn Buchreihen, Zeitschriften etc. einer einheitlichen Typographie folgen, so gilt dies selten zu 100% – die Entscheidung fällt dann eher für ein Werksatzsystem, das ebenfalls regelbasiert arbeitet, aber Handeingriffe zulässt.

Seine Stärken spielt XSL-FO genau dann aus, wenn überhaupt kein Handeingriff gewünscht – oder möglich – ist. Das ist zum Beispiel beim automatischen Generieren von PDF-Seiten im Internet der Fall. Ob Fahrkarten, Buchungsbestätigungen oder Rechnungen: Immer dann, wenn ein individualisiertes PDF online erzeugt werden muss (z. B. weil der Name des Bestellers, die Fahrtzeiten, der Hotelname o. ä. im PDF enthalten ist), werden solche Systeme eingesetzt. Nach einem strengen, einmal erstellten Gestaltungsraster werden z.T. etliche tausend PDFs pro Tag generiert. Auch für die Brief-Aussendungen großer Versicherer (bei denen z. B. nicht nur der Name eingedruckt werden muss, sondern sämtliche Angaben aus dem jeweiligen Versicherungsvertrag aufgenommen werden müssen) und vieler anderer Unternehmen findet XSL-FO als zuverlässige Technologie ihren Einsatz, um aus Datenbanken individualisierte Anschreiben in Millionenhöhe zu erstellen.

Aber auch in Verlagen finden sich zunehmend XSL-FO-Prozesse wieder. Nicht so sehr als Ersatz für den klassischen Werksatz, wohl aber als »Preview«-Ausdruck von

XML-Daten jeglicher Form. Wo immer XML-Daten in großer Menge vorhanden sind, bietet es sich an, diese auch im PDF zu visualisieren (als Kontroll- oder Korrekturausdruck), ohne dafür überhaupt noch eine Setzerei zu benötigen.

9.3.5 Verarbeitung der Daten nach dem Satz

Sind die Satzarbeiten abgeschlossen, müssen neben dem Druck-PDF auch wieder XML-Daten an den Verlag zurückgeliefert werden. An dieser Stelle sollten die Daten einem erneuten Qualitätssicherungsprozess unterzogen werden. Die Daten stehen nun für jede Weiterverwertung (EPUB, online, Apps etc.) auskorrigiert und strukturiert zur Verfügung.

Tipp
Ein Verlag, der auf diese Weise zu hochwertigen XML-Daten gelangt, wird häufig die E-Book-Produktion im Haus vornehmen. Da die Daten zu diesem Zeitpunkt bereits qualitätsgesichert sind, lässt sich die E-Book-Produktion häufig vollständig automatisieren. Vor allem bei textlastigen Werken lohnt sich daher für den Verlag rasch die Installation eines eigenen EPUB-Konverters.

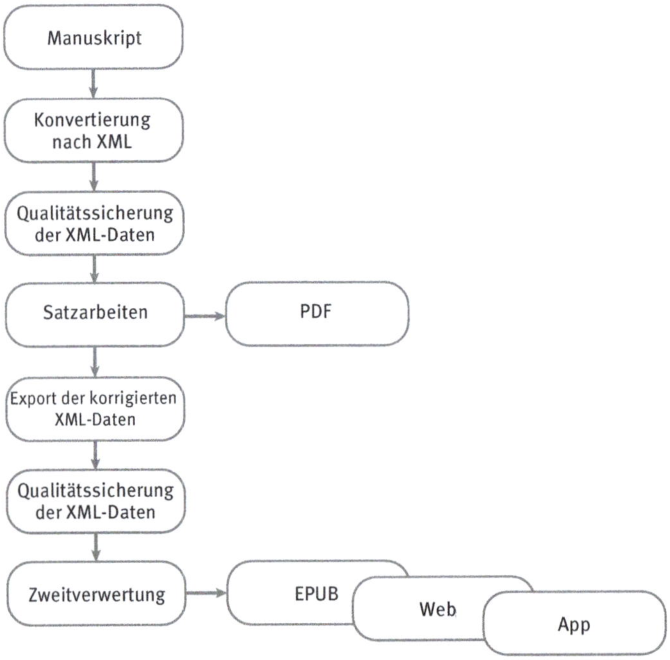

Abb. 45: Szenario 1: Klassischer XML-first-Workflow mit Integration der Satzarbeiten für die Korrektur der Daten

Wir haben bislang einen sehr pragmatischen Weg beschrieben, der die Abläufe im Verlag so wenig wie möglich verändert und mit geringen Investitionskosten auskommt. Und in der Tat ist der hier beschriebene Workflow für die meisten Verlage das Einstiegsszenario in eine XML-Produktion und für viele – vor allem Buchverlage mit geringer Zweitverwertungstiefe – auch langfristig das beste Verfahren.

Doch dieser Workflow birgt auch durchaus Schwächen, die sich aus dem Schaubild gut ableiten lassen – vor allem, wenn wir ihn mit der ursprünglichen Idee des »Single Source Publishings« vergleichen:

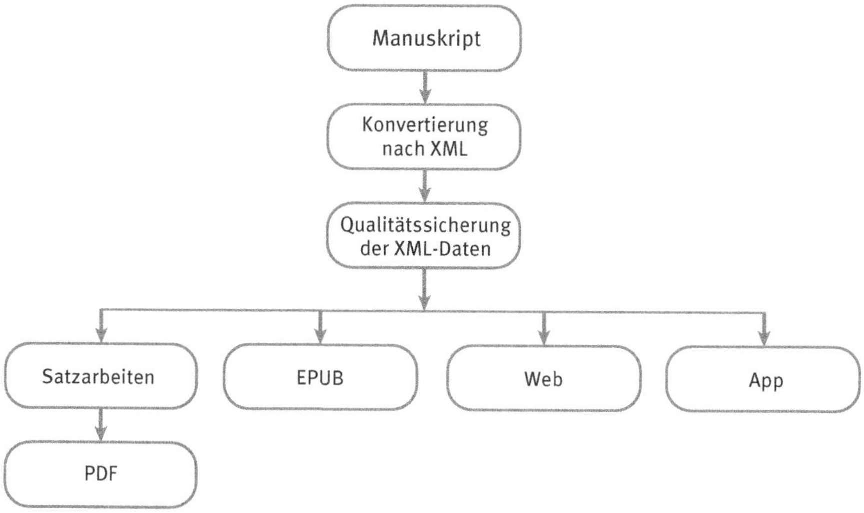

Abb. 46: Szenario 2: Ansatz des Single-Source-Publishings: Die Print-Ausgabe ist nur eine von beliebig vielen Medien, die aus den selben Daten erstellt werden

Hier haben wir eine gleichberechtigte Parallelproduktion aller Medien aus einem neutralen Datenbestand, während wir in Abbildung 45 den Satz als einen notwendigen Prozessschritt benötigen, um zu den »Zweit-Verwertungen« zu kommen – mit allen Schwierigkeiten, die das Roundtripping mit sich bringt.

Szenario 1 beschreibt somit einen Weg, der sich vor allem für Titel eignet, bei denen die elektronische Variante eine echte Zweitverwertung des selben Contents darstellt. Da alle Daten eines Titels zunächst den Satz durchlaufen müssen, ist es fast unmöglich, in diesem Verfahren Materialien zu erstellen, die nicht in der Printfassung eines Werkes erscheinen sollen, wohl aber im E-Book. Die zu erreichende Verwertungstiefe – auch hinsichtlich möglicher Neuzusammenstellungen von Content – ist damit deutlich geringer als in Szenario 2.

9.4 Die Alternative zum Roundtripping: Die Produktion über ein Content Management System

Wo werden die Daten korrigiert?

Bei genauer Betrachtung fällt allerdings auf, dass in Szenario 2 noch gar kein Prozessschritt vorgesehen ist, in dem die Daten korrigiert werden (was in Szenario 1 während der Satzarbeiten erfolgt). Wir müssen das Szenario 2 also um einen ganz wesentlichen Aspekt erweitern, nämlich ein System, in dem die Daten gepflegt, korrigiert und verwaltet werden können – und aus dem heraus die Produktion der verschiedenen Medienformen gestartet werden kann. Ein solches System wird *Content-Management-System* genannt.

Assets

Je nach Ausprägung und Leistungsumfang unterscheidet man zwischen Content-Management-Systemen (CMS) und sogenannten Media Asset Management Systemen (MAM). Ein MAM-System verfolgt den Ansatz, dass jede separat greifbare Information – sofern sie für den Verlag einen eigenen Wert hat – als eigenes »Asset« abgespeichert, verwaltet und mit Metadaten angereichert werden kann.

Ein »Media Asset« bezeichnet also jegliche Form von Content – das einzelne Rezept, die einzelne Zutat, das einzelne Bild des Rezepts, die Bilderfolge mit Zubereitungsschritten. Verfolgt man diesen Weg konsequent, so erhält man eine Datenbank mit fein granulierten Verlagscontent, aus dem sich auf einfachem Wege jegliche neue

Zusammenstellung der Inhalte ableiten lässt. Die Buchform ist dann nur noch eine von beliebig vielen möglichen solcher Zusammenstellungen.

Der Einsatz eines CMS oder MAM-Systems ist mit deutlich höheren Kosten verbunden als die in Szenario 1 beschriebene XML-first-Produktion ohne Systemunterstützung. Und bei weitem nicht jedes Verlagsprogramm eignet sich für die Granularisierung und Neuzusammenstellung der Inhalte. Ein Roman beispielsweise ist in keiner anderen Sequenz der Inhalte vorstellbar als der vom Autor vorgegebenen. Für viele Verlage aus dem Fachinformations- und Ratgeberbereich jedoch bietet die Investition in ein MAM-System völlig neue Publikationsmöglichkeiten mit neuen Produktideen und kurzen Produktionszeiten.

Kommt ein solches System zum Einsatz, verändern sich auch die Abläufe im Satz fundamental. Im Idealfall verfügt ein CM- oder MAM-System über eine direkte Anbindung an ein Satzsystem. Über diese Anbindung erfolgt ein Großteil der Satzarbeiten vollautomatisch. Als Übergabeformat zwischen dem CMS und dem Satzsystem dient abermals XML – entweder in der Original-Syntax gemäß der Verlags-DTD oder (nach einem automatischen Transformationsschritt mit Hilfe von XSLT) in einer Satzsystem-optimierten Syntax, z. B. IDML.

Da die Satzausgabe in diesem Fall automatisch passiert, ist ein Roundtripping nicht notwendig und nicht vorgesehen. Die Korrekturen, die im Satzbild auffallen, werden in den XML-Quelldaten direkt im CMS oder MAM-System ausgeführt und die regelbasierte Satzausgabe erneut gestartet.

Damit eignet sich dieses Verfahren vor allem für Verlage, bei denen sich die Satzarbeiten weitgehend automatisieren lassen: Loseblatt-Sammlungen, wissenschaftliche Buchreihen, Zeitschriften, Ratgeberreihen etc. Aber auch bei diesen Produkten lässt sich eine typographisch hochwertige Qualität nicht vollautomatisch erzielen. Es sollte daher stets eine Phase der »typographischen Veredelung« vorgesehen werden, um ein marktfähiges Produkt zu erstellen.

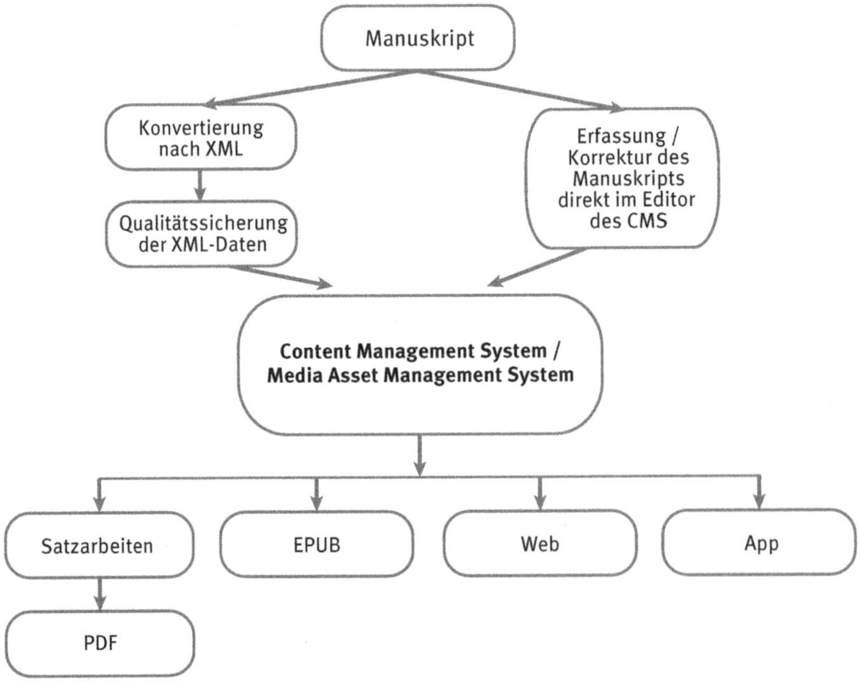

Abb. 47: Wie kommt das Manuskript ins Content Management System?

Diese Arbeiten erfolgen in aller Regel außerhalb des CMS/MAM-Systems, d. h. der automatisch erzielte Umbruch wird (z. B. in Form einer InDesign-Datei) ausgespielt und an einen Satz-Dienstleister übergeben. In dieser Phase sollten möglichst keine inhaltlichen Korrekturen mehr auftreten, da eine Rückübernahme dieser Daten ins System nicht vorgesehen ist. Jeder Verlag, der nach einem solchen Prinzip arbeitet, definiert für sich daher einen Zeitpunkt, ab dem letzte Korrekturen nur noch in Doppelpflege – einmal im Satz, ein weiteres mal in den medienneutralen Quelldaten im CMS/MAM-System ausgeführt werden können.

Ein CMS/MAM-System ist der technische Schlüssel zu einem content-zentriert arbeitenden Verlag. Schon an der kurzen Ablaufskizze sehen wir, dass sich die Arbeitsweise mit dem Einsatz eines solchen Systems viel grundlegender ändert, als dass nur die Satzarbeiten automatisiert würden: Vom letzten Satzlauf (der der typographischen Feinjustierung dient) abgesehen, entsteht der Satz zu jedem Zeitpunkt direkt im Verlag – und zwar nicht einmal mehr zwingend in einer technischen Abteilung, sondern als »Vorschau« des aktuellen redaktionellen Standes auch in Lektorat und Redaktion. Autoren können – wo sich dies anbietet, z. B. bei Zeitschriftenartikeln – direkt über eine Online-Maske in das System hineinschreiben. Die Korrekturen werden nicht mehr in ein Papiermanuskript eingezeichnet und von einem externen Dienstleister in einen (medienspezifischen) Umbruch eingebracht, sondern als Bestandteil der redaktionellen Arbeit direkt im System in die (medienneutralen) Daten eingepflegt. Es gibt nicht mehr nur Buchproduktionen und daraus abgeleitete Zweitverwertungen, sondern gleichberechtigt und parallel entstehende mediale Ausspielungen aus dem Verlagscontent.

Es ist nicht verwunderlich, dass sich viele Verlage mit einer solch radikalen Neuausrichtung der internen Abläufe, der Produktionsweisen, der Produktpolitik – ja mit dem ganzen Selbstverständnis – schwer tun und dass ein solcher Wechsel nicht nur vor dem Hintergrund des Investitionsvolumens wohl überlegt sein muss, denn er ist in der Regel nicht umkehrbar.

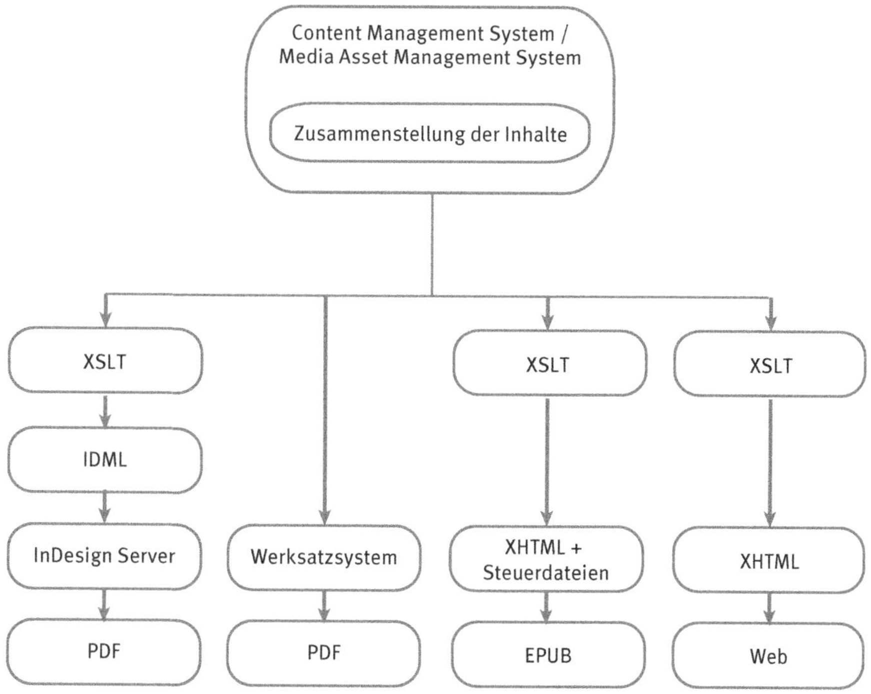

Abb. 48: Prinzip der Ausgabe von Daten aus dem CMS in verschiedene Kanäle

9.5 Der richtige Weg für jeden Verlag

Sind damit kleinere Verlagshäuser oder solche, bei denen sich die Produktion nicht so gut automatisieren lässt, von den modernen Publikationsverfahren abgeschnitten? Das ist keineswegs der Fall. Bei allen unbestreitbaren Vorteilen, die ein CMS/MAM-System mit sich bringt, darf man nicht vergessen, dass es sich stets nur um ein System technischer Hilfestellungen handelt, die den Weg zum crossmedialen Publizieren erleichtern. Alle elektronischen Produktformen lassen sich auch ohne ein Produktionssystem erstellen – vielleicht nicht so elegant und hochautomatisiert, dafür mit deutlich geringerem Initialaufwand. Kein Verlag, dessen Programm sich für eine elektronische Verwertung eignet, ist von den neuen Märkten abgeschnitten.

Der eigentliche Wandel muss daher stets in den Köpfen und nicht in der Technik stattfinden. Nur wenn im Verlag die content-zentrierte Arbeitsweise und das crossmediale Publizieren als strategisches, nicht nur als technisches Ziel definiert werden, kann der Wechsel gelingen. Mitarbeiter müssen geschult werden, Ängste abgebaut, neue Produktformen erarbeitet werden. Über die systematische, automatisierte Erstellung von Leseproben ändert sich die Vertriebspolitik, ja das gesamte Marketing fundamental: Es wird nicht mehr lange dauern, bis die Leserschaft selbstverständlich erwartet, jeden Titel vor dem Erwerb kostenlos »anlesen« zu können – um dann direkt aus der Leseprobe heraus das E-Book oder auch das gedruckte Exemplar bestellen zu können. Fachverlage, die im Printmarkt als Mitbewerber auftreten, tun sich zusammen, um ihren Content auf einer gemeinsamen Plattform elektronisch anzubieten und auf diese Weise starke, große Webportale zu schaffen. Der App-Markt steht prinzipiell jedem Verlag offen, der über geeigneten Content und gut aufbereitete Daten verfügt, auch wenn die Kosten für die Erstellung einer App immer noch vergleichsweise hoch sind.

Merke:
Die gut aufbereiteten Daten werden damit zum wichtigen Erfolgsfaktor für den Verlag der Zukunft – und das sind stets XML-Daten. Der Wechsel in die Welt des neuen Publizierens beginnt also mit der Entscheidung, den Verlag auf XML-Daten umzustellen.

10 Szenarien der Umstellung

Wir haben zu Beginn unseres Ausflugs in die Welt der strukturierten Daten drei sehr unterschiedliche Verlage kennengelernt, die aus den verschiedensten Motiven heraus ihre Workflows verändern, neue Produkte herstellen und Prozesse optimieren wollen. Und wir haben neben den technischen Grundlagen verschiedene Szenarien der Umstellung eines Verlages auf medienneutrale Daten erarbeitet. Diese wollen wir nachfolgend nochmals zusammenfassen:

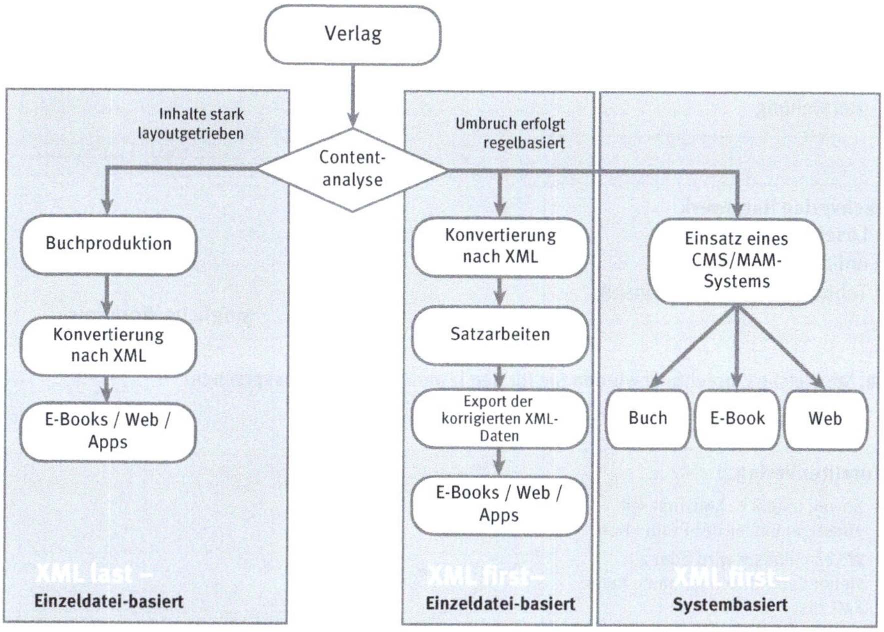

Abb. 49: Die drei grundsätzlichen Workflow-Modelle für Verlage (ausgehend von der Verfügbarkeit von XML-Daten)

Freilich sind das nicht die einzigen möglichen Workflows – zwischen den hier aufgezeigten Basis-Systemen sind vielerlei Mischformen möglich. So wird sich ein Verlag z. B. häufig zu einer Mischform aus XML-first und XML-last-Produktion entscheiden – abhängig von den Anforderungen des einzelnen Titels, aber immer mit Blick auf eine einheitliche XML-Datenstruktur. Der jeweils beste Weg für den einzelnen Verlag muss immer individuell festgelegt werden.

Versuchen wir also, für jeden der drei Verlage den richtigen Workflow zu finden.

Die Entscheidung fällt hier relativ leicht. Gleichzeitig gibt es für jeden Verlag verschiedene Handlungsalternativen, die sich z.T. auch zu einem Gesamtworkflow ergänzen. Auch ein Verlag, der einen Großteil seiner Produktion als XML-first-Produktion plant, wird einzelne Titel haben, bei denen sich dieses Verfahren schlicht nicht lohnt. Hier sollte also immer ein »Fallback-Szenario« eingeplant werden, um sicherzustellen, dass die Produktion nicht nur unter Laborbedingungen funktioniert.

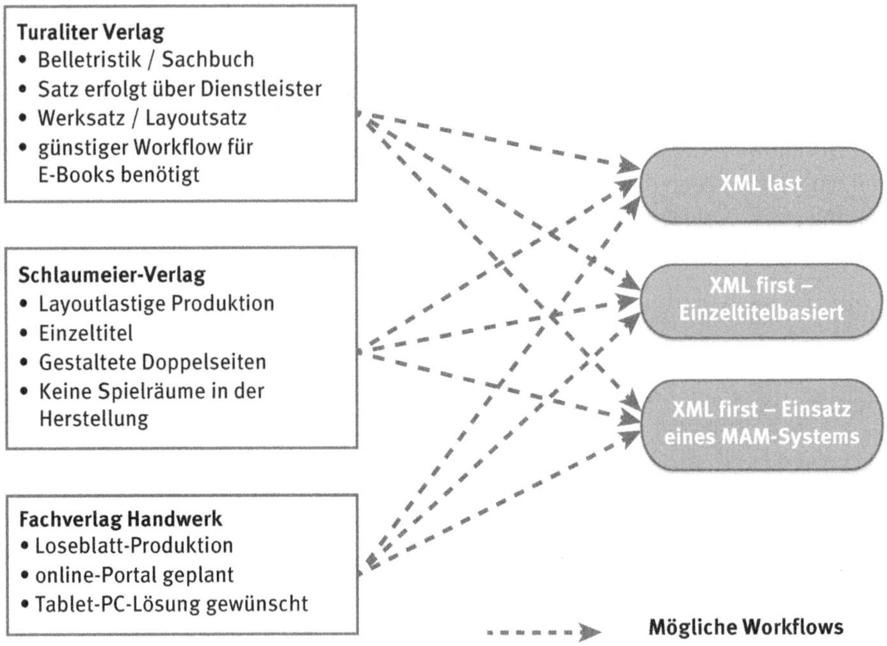

Abb. 50: Welche Empfehlung würden Sie für den jeweiligen Verlag aussprechen?

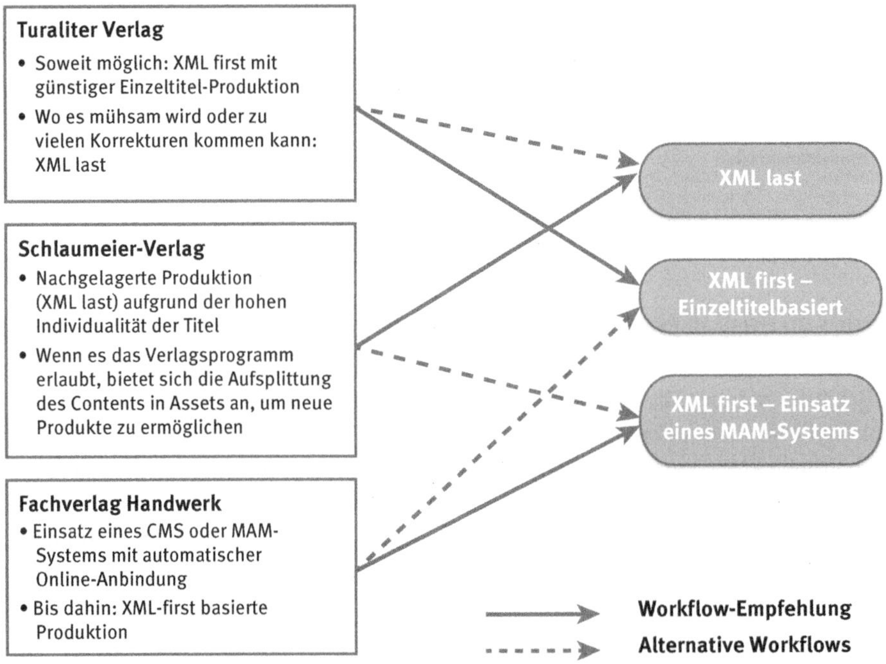

Abb. 51: Lösungsvorschlag für die drei Verlage

10.1 Wenn der Workflow feststeht: Entscheidung über die XML-Struktur

Wenn die strategische Entscheidung für eine neue Produktionsweise im Verlag gefallen ist, ist es Zeit, sich um die Ausgestaltung der XML-Struktur Gedanken zu machen. Einer der ersten operativen Schritte auf dem Weg zum neuen Workflow ist also die Festlegung einer DTD oder eines XML Schemas. Abermals steht der Verlag vor der Wahl: Soll eine Standard-DTD zum Einsatz kommen oder lohnt sich die Entwicklung einer individuellen Grammatik (vgl. Kap. 4.8)?

Für beide Szenarien gibt es viele Argumente, die dafür bzw. dagegen sprechen:

Einsatz einer Standard-Grammatik

pro	contra
+ Einsatz der DTD ist häufig kostenlos oder die Lizenz zumindest preiswert	– Eine Standard-Grammatik enthält i. d. R. nicht die semantischen Elemente, die das Verlagsprogramm präzise abbilden.
+ die DTD ist i. d. R. branchenerprobt und damit frei von »Kinderkrankheiten«	– Ggf. lassen sich für den Verlag wichtige Abfragen an die Daten und damit auch bestimmte elektronische Produkte nicht aus den vorgegebenen Strukturen abbilden.
+ der Austausch von Daten mit Dritten ist deutlich einfacher, wenn die Struktur allgemein bekannt ist	– Eine Standard-Grammatik enthält umgekehrt zahlreiche Elemente, die der Verlag nicht einsetzen möchte – die aber beim Einsatz der DTD automatisch zulässig sind.
+ Im wissenschaftlichen Umfeld wird teilweise der Einsatz von offenen Standards gefordert	– Im Bereich der Metadaten sind die Standard-DTDs häufig nicht auf die Bedürfnislage der Verlage ausgerichtet.
+ Es gibt viel Software (häufig auch kostenfrei), die auf die Standard-Grammatiken aufsetzen: Konvertierungstools, Auswertungen, E-Book-Lösungen etc.	– Die Standard-Grammatiken haben fast immer englische Element- und Attributnamen mit zum Teil sprachlich sehr feinen Unterschieden zwischen den einzelnen Elementen. Es ist nicht selbsterklärend, welches Tag/welches Attribut für welche Struktur verwendet werden soll.
+ Es ist einfacher, Dienstleister zu finden, die die Standard-Grammatik kennen und einsetzen können	– Die Schulung der Dienstleister ist entsprechend aufwändiger.

pro	contra
	– Die Workshops, um die Konventionen und Business Rules aufzustellen, wie die Standard-Grammatik im Verlag eingesetzt werden soll, können vom Aufwand her ebenso hoch sein wie die Entwicklung einer eigenen Grammatik.

Entwicklung einer eigenen DTD/XSD

pro	contra
+ Die Verlagsinhalte werden semantisch präzise abgebildet.	– Eine eigene Grammatik verursacht höhere Initialkosten: von den ersten Workshops bis zur finalen Freigabe ist der Verlag stark involviert.
+ der Verlag hat die Hoheit über die DTD und kann sie schnell und eigenverantwortlich an neue Marktbedürfnisse anpassen.	– Eine eigene Grammatik kostet in der Entwicklung und Implementierung deutlich mehr Zeit und bindet personelle Ressourcen auch im Verlag.
+ die Anlage eigener Metadaten erlaubt eine einfache Einbindung in die übrige IT-Infrastruktur des Verlages.	– Der Verlag ist für die Pflege der Grammatik selbst verantwortlich. Jede Änderung kostet Zeit und Geld.
+ durch präzises Beschreiben der Inhalte lassen sich Wettbewerbsvorteile schaffen.	– Schulungen der Dienstleister sind unbedingt erforderlich, da die Struktur nicht allgemein bekannt ist.
+ Immer dann, wenn die Inhalte detailliert durchsucht werden sollen (vom Verlag selbst oder in der elektronischen Publikation vom Kunden) ist eine inhaltsspezifische Semantik zu bevorzugen. Es können höherwertige Apps und enriched E-Books erstellt werden.	– Es gibt keine Standard-Software (z. B. fertige Importroutinen für InDesign, EPUB-Konverter o. ä.) für die eigenen Strukturen. Alles muss erst entwickelt werden.
+ Es ist in der Regel unproblematisch, eine Konvertierroutine (XSLT) zu erstellen, die die Daten in die Standard-Grammatiken überführt. Damit ist die Anbindung auch an die Wissenschaftswelt gewährleistet.	– Es ist ein tiefergehendes XML-Know-How im Verlag erforderlich

pro	contra
+ durch die Vergabe eigener Tag-Namen und eine entsprechende Dokumentation können Missverständnisse im Umgang mit XML vermieden werden. Verlagsmitarbeiter und Dienstleister fühlen sich mit deutschsprachigen, intuitiv verständlichen Elementbezeichnern wohler. Die Fehlerrate ist geringer.	– Für den Austausch der Daten mit Dritten (B2B-Geschäft, Wissenschaft etc.) muss häufig zunächst ein Konverter entwickelt werden, der die Daten in die offenen Strukturen überführt.
+ die Akzeptanz im Verlag ist meist deutlich höher. Eine eigene Verlags-DTD vermeidet die »Entfremdung« von den Inhalten: Man muss den Content nicht dem Diktat einer fremden Grammatik unterwerfen.	– Alle Softwaremodule müssen bei einer DTD-Änderung überprüft und ggf. angepasst werden, was zu hohen Folgekosten führen kann.
+ durch die Mitwirkung an der Erstellung einer eigenen Grammatik setzen sich die Mitarbeiter im Verlag automatisch mit den Strukturen ihrer Werke auseinander und entwickeln ein Verständnis für die neue Technologie	

Die entscheidende Frage ist also: Rechtfertigt der Mehrnutzen einer eigenen DTD/XSD den (finanziellen, zeitlichen und organisatorischen) Aufwand, der damit einhergeht? Diese Frage muss jeder Verlag für sich entscheiden. Die wichtigsten Aspekte bei der Entscheidung sind dabei: Lassen sich die geplanten Publikationsformen auch mit einer Standard-Grammatik erreichen?

Betrachten wir abermals unsere drei Muster-Verlage. Jedem der drei haben wir bereits einen Workflow empfohlen – nun gilt es, die dazu passende Entscheidung für die Datenstruktur zu treffen.

Neben den beiden Optionen »eigene DTD« – »Einsatz einer Standard-Grammatik« betrachten wir noch die dritte Möglichkeit, nämlich eine Standard-Grammatik heranzuziehen und gezielt um eigene Strukturen (vor allem im Bereich der Metadaten) zu erweitern.

Um hier die richtige Empfehlung zu geben, muss man natürlich den Leistungsumfang der Standard-Grammatiken genau kennen. Neben den großen, offenen Standards wie HTML, DocBook, DITA oder TEI gibt es eine ganze Reihe von branchenspezifischen Lösungen. Auch tun sich immer häufiger Verlage zusammen, um nach einer gemeinsamen DTD zu arbeiten und somit semantisch präzise und mit spezifischer Softwareanpassung / eigenen E-Book-Konvertern arbeiten zu können, gleichzeitig aber das Rad nicht immer wieder neu zu erfinden. Ansätze und Lösungen gibt es hier sowohl im Zeitschriften-Bereich als auch z. B. für Belletristik/Sachbuch oder auch für juristische Fachinformationen.

Daraus ergibt sich folgendes Bild:

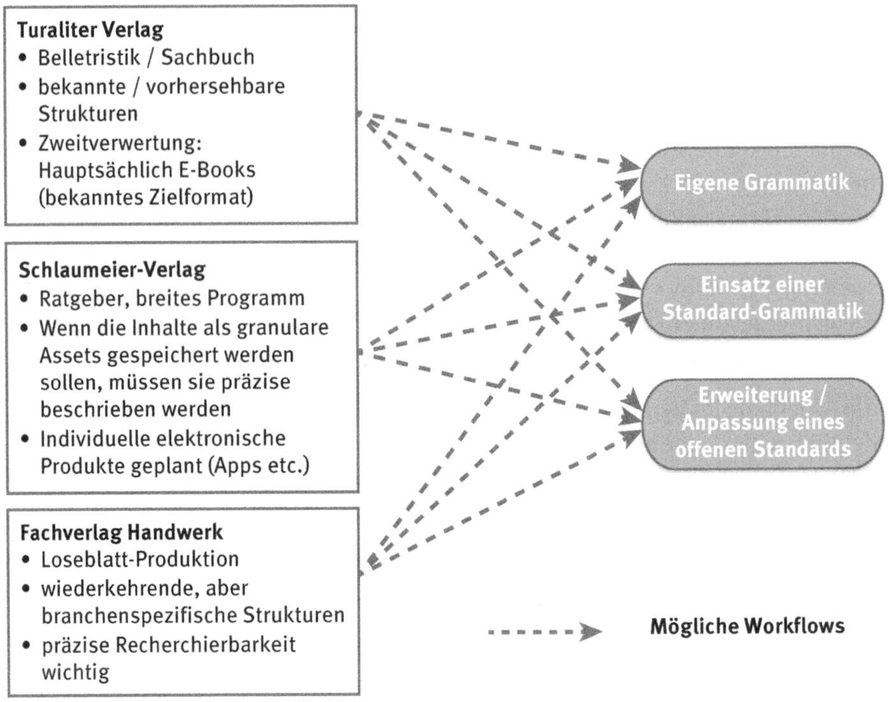

Abb. 52: Welche Empfehlung würden Sie für den jeweiligen Verlag aussprechen?

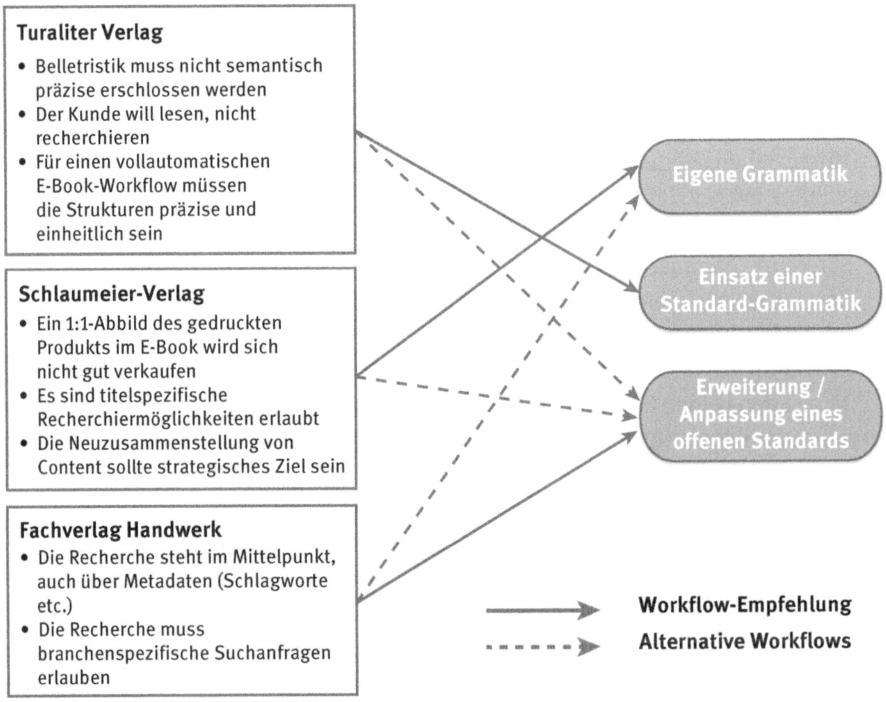

Abb. 53: Empfehlung für eine XML-Grammatik für die drei Musterverlage

10.2 Einführung eines XML-Workflows im Verlag

Pilotphase

Die Festlegung auf einen bestimmten Workflow und ein spezifisches XML-Datenmodell sind weitreichende Entscheidungen in einem Verlag. Entsprechend müssen sie in der Entscheidungsphase sorgsam bedacht und anschließend evaluiert werden. Es empfiehlt sich daher, bei der Einführung eines neuen Workflows eine Pilotphase zu definieren, an deren Ende bestimmte Entscheidungen überprüft und ggf. auch korrigiert werden können. Um dies erfolgreich durchführen zu können, sollten zu Beginn des Projekts die Projektziele klar definiert werden. Nur dann kann eine ehrliche Überprüfung des Erreichens dieser Ziele vorgenommen werden. Allzu oft kommt es vor, dass der »Appetit mit dem Essen kommt« und sich die Begehrlichkeiten während der Pilotphase verändern, so dass eine Überprüfung der gefällten Entscheidungen schwierig wird.

In diesem Fall bietet es sich an, nach Abschluss der Pilotphase die neuen Anforderungen zu sammeln, zu gewichten und eine zweite Pilotphase anzuhängen, um auch die Umsetzung dieser Anforderungen zu testen.

In der Pilotphase werden nur ausgewählte Einzeltitel über den neuen XML-Workflow definiert. Der richtigen Auswahl der Titel kommt hier eine große Bedeutung zu: Die Titel sollten hinsichtlich des zu erwartenden Komplexitätsgrades und der programmatischen Breite des Verlages repräsentativ ausgewählt werden.

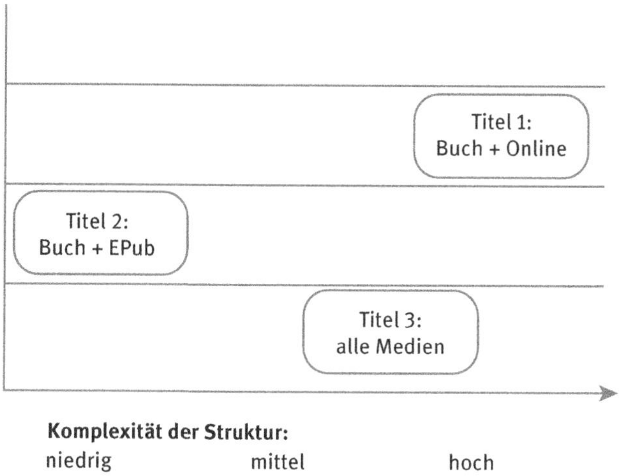

Abb. 54: Eine mögliche Matrix zur Auswahl geeigneter Testtitel, um einen Workflow »auf Herz und Nieren« zu testen

Auch die Pilotphase selbst wird mehrere Meilensteine durchlaufen. So bietet es sich z. B. an, die Eignung bzw. Vollständigkeit der gewählten oder entwickelten DTD zunächst anhand erster Produktionen zu testen, die vollständig bei einem XML-Dienstleister angesiedelt sind. Erst wenn die Grammatik anhand von Titeln aus der Praxis überprüft und freigegeben ist, sollte die Schulung der Verlagsmitarbeiter erfolgen. Auch viele Software-Module können im Rahmen einer Pilotphase getestet werden, bevor die eigentliche Installation im Verlag erfolgt.

Beim Einsatz eines CMS/MAM-Systems ist der Verlag deutlich stärker in die Pilotphase involviert, da im Rahmen dieser das gesamte Customizing (Aufbau der Oberflächen, Festlegung der Abfragemasken etc.) zu erfolgen hat. Hierfür wird in der Regel ein eigenes Testsystem aufgebaut, das im Rahmen der Implementierung zahlreichen Tests unterzogen wird. Nach dem Abschluss der Pilotphase(n) erfolgt die Freigabe des

Systems; erst dann wird es auf das eigentliche Produktivsystem überspielt. Das Testsystem dient dann der Weiterentwicklung des Systems hinsichtlich neuer Anforderungen etc., ein Update auf das Produktivsystem erfolgt in jedem Einzelfall immer erst nach Test und Abnahme der neuen Arbeitsumgebung auf dem Testsystem.

Der geringste Aufwand in der Implementierungsphase besteht naturgemäß für einen XML-last-Workflow. Hier ist es allerdings auch am schwierigsten, eine wirkliche Überprüfung der Strukturen vorzunehmen, da im Verlag selbst kaum mit den XML-Daten gearbeitet wird. Es ist daher umso wichtiger, die Entscheidung für eine zum Verlag passende XML-Struktur zusammen mit einem XML-Spezialisten zu fällen, der die Konsequenzen aus einer (vielleicht zu pragmatisch gefällten) Entscheidung abschätzen kann. Die im Rahmen der XML-last-Produktion in der Pilotphase entstehenden XML-Daten sollten ebenfalls von einem XML-Spezialisten genau begutachtet werden.

Neben der (abstrakten) Überprüfung der Strukturen auf Vollständigkeit und Präzision der Abbildung von Inhalten müssen vor allem zwei Dinge überprüft werden: die Eingabe- und die Ausgabeseite.

Sämtliche in den neuen Abläufen vorgesehenen Ausgabekanäle (Print, Online, E-Book, Apps etc.) sollten im Rahmen der Pilotphase ausführlich getestet und die Abläufe dokumentiert werden: lassen sich die gewünschten Produkte automatisiert erzeugen? Entspricht die Typographie den Erwartungen des Verlages? Sind die Suchergebnisse in einem elektronischen Produkt die Richtigen? Kommen die Dienstleister (Vorstufenbetriebe, Konvertierer, E-Book-Produzenten...) mit den neuen Vorgaben zurecht? All diese Tests sind ebenso naheliegend wie wichtig.

Gerne übersehen wird hingegen die Evaluierung der Eingabeseite: Ist ein hinreichender Bedienkomfort gegeben? Kommen die Mitarbeiterinnen und Mitarbeiter gut mit der neuen Arbeitsweise zurecht? Sind die Abläufe selbsterklärend oder muss man sich an vorgegebene Arbeitsschritte halten, ohne diese nachvollziehen zu können?

Die Projektverantwortlichen im Verlag sollten für diese Phase(n) der Evaluierung genügend Zeit einplanen – und genügend Mut mitbringen, lieber eine Revisionsschleife mehr zu drehen, als zu große Kompromisse einzugehen. Schließlich geht es um die technische und strategische Umstellung eines ganzen Unternehmens – in Wirklichkeit sogar einer ganzen Branche.

Es ist keine einfache Aufgabe, eine Branche, die seit 500 Jahren mit einem Produkt erfolgreich arbeitet, so fundamental neu auszurichten. Die Zeit drängt, denn die Veränderungen brauchen ihre Zeit, die neuen Märkte müssen erschlossen werden und die neue Rolle der Verlage muss mit Leben (und Lust) gefüllt werden.

Die Verlage sind auf einem guten Weg.

Der Autor dieses Handbuchs wünscht allen, die sich auf diesen Weg machen wollen, Entschlossenheit, strategischen Weitblick und gutes Gelingen.

Willkommen in der neuen Ära!

Teil IV: Anhang

Abkürzungen

ASCII	American Standard Code for Information Interchange
CERN	Europäische Organisation für Kernforschung (ursprünglich Conseil Européen pour la Recherche Nucléaire)
CMS	Content Management System
CSS	Cascading Style Sheet
DTD	Dokumenttyp-Definition, Document Type Definition
EPUB	Akronym für »electronic Publication«
HTML	Hypertext Markup Language
IDML	InDesign Markup Language
IDPF	International Digital Publishing Forum
MAM	Media Asset Management (System)
MIME	Multipurpose Internet Mail Extension
NITF	News Industry Text Format
OCF	Open Container Format
ONIX	Online Information Exchange
OPF	Open Packaging Format
OPS	Open Publication Structure
PDF	Portable Document Format
PI	Processing Instruction
SGML	Standard Generalized Markup Language
TEI	Text Encoding Initiative
UCS	Universal Character Set
URI	Uniform Resource Identifier
UTF-8	8-Bit UCS Transformation Format
W3C	World Wide Web Consortium
WWW	World Wide Web
WYSIWYG	What you see is what you get
XHTML	XML-Version der Hypertext Markup Language
XML	Extensible Markup Language
XSD	XML Schema Definition
XSL	Extensible Stylesheet Language
XSL-FO	Extensible Stylesheet Language – Formatting Objects
XSLT	Extensible Stylesheet Language Transformations

Glossar

Anreicherung	Hier: Das zusätzliche Einbringen von → Markup in Textdaten, um diese besser verarbeitbar/durchsuchbar zu machen.
App	Kurzform für »Application«. Anwendungssoftware für mobile Endgeräte (Smartphones, Tablets etc.). Man unterscheidet zwischen → Web-Apps (die im Wesentlichen eine lokale Browser-Anwendung darstellen und mit Daten von einem Webserver gespeist werden) und nativen Apps, die freie Programmierungen darstellen.
ASCII-Code	Der »American Standard Code for Information Interchange« ist ein 7-bit-Zeichencodierungsstandard, der 1963 verabschiedet wurde. Er enthält das lateinische Alphabet in Groß- und Kleinbuchstaben (ohne Umlaute und Akzentbuchstaben), Ziffern und Satzzeichen, sowie 33 nicht druckbare Zeichen.
Asset	Wörtlich: Vermögen, Inhalt. Als »Media Asset« werden alle Medieninhalte bezeichnet, die als Einheit für sich abgespeichert und verwendet werden können, also Text(fragmente), Bilder, Videos etc.
Attribut	Die Attribute gehören zum Standard-Auszeichnungsrepertoire von XML. Ein Attribut dient der näheren Spezifizierung eines → Elements. Es darf nur im → Starttag vorkommen und hat die Syntax Attributname="Attributwert".
Auszeichnungssprache	Deutsch für »Markup Language«. Als Auszeichnungssprache bezeichnet man sowohl die »Metasprachen« → SGML und → XML als auch ihre konkreten Anwendungen (in Form einer → DTD oder → XSD) wie z. B. HTML, MathML oder TEI, aber auch jede Verlags-DTD.
Auszeichnungstiefe	Beschreibt den Grad der inhaltlichen → Granulierung von XML-Daten.
Baumstruktur	Architekturprinzip bei der Speicherung von (Verlags-)Inhalten in XML. Jede XML-Datei lässt sich visualisieren als Baum mit einem Wurzelelement und davon verzweigenden Kindelementen, die wiederum Kindelemente aufweisen können etc. Die Baumstruktur ist Voraussetzung für die → Wohlgeformtheit von XML-Dokumenten.

Block-Element	Als Blockelement bezeichnet man alle XML-/ HTML-Elemente, die Absatz- oder übergeordnete Containerstrukturen beschreiben. Im Browser dehnt sich ein Blockelement immer so weit aus wie möglich und endet mit einem Zeilenwechsel. Typische HTML-Beispiele sind etwa <p>...</p> (Absatz) oder <h1>...</h1> (Überschrift 1). Das Blockelement steht in Abgrenzung zum → Inline-Element.
Box-Modell	Das Box-Modell beschreibt, nach welchen Regeln ein Bereich in der Browserdarstellung für ein HTML-Element reserviert wird.
Browser	Computerprogramm zur Darstellung von Websites.
Business Rules	Geschäftsregeln. In Abgrenzung zu den Regeln, die z. B. über eine XML-Grammatik (→ DTD, → XSD) festgelegt werden, beschreiben die Business Rules die Konventionen, mit denen ein Verlag festlegt, wie die Grammatik angewendet werden soll.
Character Entity	Vorgegebene oder selbst vergebene Stellvertreter-Zeichenfolgen, mit denen Schriftzeichen, die nicht im Basisalphabet (i. d. R. ASCII) enthalten sind, durch eine Folge von Zeichen des Basisalphabets codiert werden, z. B. ä für »ä«.
Codepage	Zeichensatztabelle. Früher i. d. R. beschränkt auf 256 Zeichen (= Umfang einer 8-bit-Zeichentabelle), was zu einer Vielzahl von verschiedenen Codepages führte, um die Zeichen aller Sprachen abzubilden.
Containerelement	Bezeichnung für ein XML-Element, das lediglich weitere Elemente beinhaltet, jedoch unmittelbar keinen Text (andernfalls als → Mixed Content-Element bezeichnet).
Content	Englisch für: Inhalt. Häufig in Abgrenzung zum Layout gebraucht, beschreibt »Content« die abstrakten Inhalte in einer noch nicht graphisch gestalteten Form.
Content Management System	Software zum Bearbeiten von Inhalten (meist: Webseiten), wobei die Inhalte zentral und i. d. R. medienneutral abgelegt sind.
Content Manager	Nicht geschützte Berufsbezeichnung für Mitarbeiter (im Verlag), die sich um die Aufbereitung, Homogenität, Strukturierung etc. der Verlagsinhalte kümmern.
Content Syndication	Austausch medialer Inhalte, beschreibt für Verlage meist die lizenzpflichtige Weitergabe von Inhalten (z. B. für Industrieprodukte, verlagsübergreifende Internetangebote etc.)

Cross Media Publishing	Medienübergreifendes Publizieren von Inhalten, in der Regel auf der Grundlage von → medienneutralen Daten. Für viele Verlage heute nicht nur operatives, sondern strategisches Ziel.
Cross-Media-Hersteller	Nicht geschützte Berufsbezeichnung für Mitarbeiter im Verlag, die sich gleichermaßen um die (technische) Produktion von print- und elektronischen Medien kümmern.
CSS	Abkürzung für »cascading stylesheet«, wörtlich »stufenförmig geschachtelte Formatierungsregeln«. Sprache zur regelbasierten Formatierung von strukturierten Texten, in der Regel HTML oder XML.
Deklaration	Hier: Festlegung der → DTD innerhalb einer → Instanz (»Dokumenttypdeklaration«) bzw. der Teil der → DTD, die die Beschreibung eines Elements, Attributs etc. beinhaltet.
DocBook	Eine Standard-Grammatik (normativ ist die Fassung als → RelaxNG, aber auch verfügbar in Form einer → DTD oder → XSD), die sich insbesondere für Dokumente im Bereich der technischen Dokumentation eignet.
Dokumenttyp-Definition	Kurzform DTD. Regelwerk (»Grammatik«), in dem der Aufbau, die verpflichtenden und die optionalen Strukturen einer SGML- oder XML-Datei beschrieben werden.
Dokumenttyp-Deklaration	→ Deklaration
DTD	→ Dokumenttyp-Definition
Dublin Core	Standard für die Angabe von Metadaten zu Dokumenten, v. a. für die leichtere Auffindbarkeit im Internet. Benannt nach dem Ort der Tagung (Dublin/Ohio), auf der der Standard entworfen wurde.
E-Books	Sammelbegriff für »elektronische Bücher«, unabhängig von der technischen Umsetzung. Die wichtigsten Umsetzungsformen sind → PDF, → EPUB und → Mobipocket.
Elemente	Im XML-Kontext die wichtigste Einheit, um Inhalte medienneutral zu strukturieren. Man unterscheidet Containerelemente (diese enthalten weitere Elemente), Textelemente (diese enthalten den eigentlichen Autorentext) und leere Elemente. Ein Element wird von einem Start- und einem Ende-Tag umschlossen.
Elternelement	Bezeichnung für ein XML-Element, das andere Elemente umschließt. Die umschlossenen Elemente werden gemäß der Baumstruktur als → Kindelemente bezeichnet.

em Schriftgrößen-Einheit in → CSS. 1em entspricht einem Geviert, nämlich (in etwa) der Breite des Großbuchstabens »M«. Damit ist »em« eine relative Größe, die sich je nach der (absoluten) Angabe der Grundschrift proportional mitverändert. (1.3em = das 1,3-fache der angegebenen Grundschriftgröße).

Ende-Tag Konstrukt in → XML, das ein → Element abschließt. Ein Ende-Tag entspricht von der Syntax her dem → Starttag (allerdings ohne Attribute) und unterscheidet sich von diesem durch einen Schrägstrich nach der öffnenden Spitzklammer (<abc>...</abc>).

Endgerät Umgangssprachliche Bezeichnung für die Ausgabegeräte, auf denen elektronische Medien angezeigt bzw. abgespielt werden.

Entity → Entity Reference

Entity Reference Standard-Konstrukt in → SGML und → XML zum Einbinden von Sonderzeichen (→ Character Entities). Auch als Kurzform von längeren Textpassagen oder – innerhalb von → DTDs – als »Parameter Entities« zur zentralen Pflege von wiederkehrenden Konstrukten.

EPUB Akronym für »Electronic Publication«. Vom International Digital Publishing Forum verabschiedeter, offener Standard für E-Books.

EPUB 3 Die aktuelle, noch wenig verbreitete Form des EPUB-Standards. EPUB 3 sieht erstmalig die Integration von multimedialen Elementen sowie von Skripting innerhalb eines E-Books vor.

Extensible Stylesheet Language → XSL

Fixed Layout E-Book Sonderform der E-Books, bei der die Ausgabe der Inhalte in festen Seiten-Dimensionen erfolgt und auch die einzelnen Elemente auf der Seite einen festen Platz erhalten. E-Books weisen in der Regel ein dynamisches Layout auf (→ reflowable Text); die Technologie der Fixed Layout E-Books wird i. d. R. nur dann gewählt, wenn die Anordnung der Inhalte auf der Seite aus gestalterischen oder Verständnis-Gründen wichtig ist (z. B. bei Kinderbüchern oder Schulbüchern).

Floatieren, floaten	Bezeichnung für eine besondere Form der dynamischen Positionierung von Boxen auf Webseiten. Eine Box, die mit der Eigenschaft »float« versehen wird, hat keine absolute Position auf der Seite, sondern ordnet sich je nach verfügbarem Platz neben oder unter einer anderen Box an. Ursprünglich entwickelt, um Bilder von Text umfließen zu lassen (daher der Name), ist das floaten heute Grundlage des dynamischen Layouts von Seiten.
FO-Prozessor	Software, die aus der XSL-FO-Beschreibung einer Seite ein → PDF erzeugt.
Grammatik	Hier: die spezifischen Regeln für den Einsatz von XML, meist in Form einer → DTD oder → XSD (→ auch RelaxNG).
Granularisierung, Granulierung	Hier: die strukturelle Aufsplittung von Texten in kleine Sinneinheiten, i. d. R. weit über die Notwendigkeiten für die typographische Umsetzung hinaus.
HTML	Abkürzung für → »Hypertext Markup Language«.
Hypertext Markup Language	Standard für die Codierung von Webseiten, 1989 von Tim Berners-Lee entwickelt und seither kontinuierlich weiterentwickelt. Die aktuellen Versionen sind unter den Namen XHTML und HTML5 bekannt.
IDML	Abkürzung für »InDesign Markup Language«. XML-basiertes, gezipptes Speicherformat für InDesign-Dateien.
IDPF	Abkürzung für »International Digital Publishing Forum«. Gremium, das u. a. den → EPUB-Standard entwickelt und veröffentlicht hat.
Inline-Elemente	In Abgrenzung zu den → Blockelementen diejenigen (XML- bzw. HTML-)Elemente, die Strukturen (»Zeichenformate«) beschreiben, die innerhalb von Textstrecken vorkommen. Ein Inline-Element dehnt sich im Browser nicht aus und führt nicht zu einem Zeilenwechsel. Typische HTML-Beispiele sind etwa <b>...</b> (fett) oder <i>...</i> (kursiv).
Instanz, XML-Instanz	Hier: die konkrete XML-Datei.
Kindelemente	Bezeichnung für alle XML-Elemente, die innerhalb eines umschließenden Containerelements stehen. Dieses wird dann als → Elternelement (»parent«) bezeichnet, die direkt untergeordneten Elemente als Kindelemente (»child«). Alle einem Elternelement untergeordneten Elemente werden zusammengefasst als Nachfahren (»descendants«) bezeichnet.

KindleGen	Kostenlos verfügbare Software, um bestimmte Datenformate (v. a. Word-Daten, HTML-Dateien und EPUBs) in das Kindle-Format (Amazon) umzuwandeln.
Klassen	Hier: Bezeichnung in HTML für benannte Stilvorlagen, die als Attribut an (fast) jedes HTML-Element angefügt werden können. Der Attributname lautet class, der Attributwert ist frei wählbar und wird für die Darstellung über → CSS aufgelöst.
Knoten	Als Knoten wird in der XML-Umgebung jede (über → XPath) annavigierbare Einheit in einem XML-Baum bezeichnet. Es gibt Elementknoten und Attributknoten, Textknoten, den Wurzelknoten, Kommentarknoten und → PI-Knoten.
Kombinatoren	Syntax-Bestandteil der Elementdeklaration von → DTDs. Es gibt einen »und«- sowie einen »oder«-Kombinator. Sie dienen der Festlegung, welche Datenmodelle in einem Element zulässig sind.
Konvertierung	Umwandlung eines Datenformats in ein anderes. Im Unterschied zur → Transformation werden bei der Konvertierung häufig auch Speicherformat und Zeichencodierung verändert, bei der Transformation lediglich die Strukturen einer Datei.
MAM-System	Kurzform für: Media Asset Management System. Beschreibt ein datenbankbasiertes System zur Verwaltung, redaktionellen Pflege und dem Publishing von → Assets. In Abgrenzung zum Content Management System bezieht ein MAM-System ausdrücklich auch Elemente mit ein, die nicht zum eigentlichen (Verlags-)content gehören, wie z. B. Angaben über den Autor, Metadaten zu den einzelnen Assets etc.
Markup	Englisch für »Auszeichnung«. Als das Markup werden in einer XML-Datei alle Bestandteile bezeichnet, die nicht selbst Text sind, also Tags, Attribute etc.
Markup Language	→ Auszeichnungssprache
MathML	Standard-Grammatik zur Auszeichnung von mathematischen Formeln.
Media Asset	→ Asset
Media Asset Management System	→ MAM-System

Medienneutrale Daten	Daten, die nicht für die Ausgabe in einem konkreten Medium (Buch, E-Book, Web etc.) aufbereitet sind, sondern für alle Ausgabeformen gleichermaßen zur Verfügung stehen. Das bekannteste Datenformat hierfür ist XML.
Mehrfachnutzung	Die Mehrfachnutzung von Inhalten ist das Grundprinzip des → »Single Source Publishings«. Die Inhalte sollen – meist in verschiedenen Ausgabekanälen, aber auch zeitversetzt im selben Kanal – mehrfach publiziert werden.
Metadaten	Informationen, die nicht zum Inhalt eines Textes (oder eines anderen Media Assets) selbst gehören, sondern diesen mit Zusatzangaben beschreiben. Typische Beispiele für Metadaten sind das Erstellungsdatum, der Urheber des Textes, der aktuelle redaktionelle Status etc.
MIME-Type	Der MIME-Type (Multipurpose Internet Mail Extension) klassifiziert den Inhalt einer Internet-Datei. Auf diese Weise wird z. B. einem Browser mitgeteilt, welche Art von Daten gerade vom Server gesendet wird.
Mixed Content	Bezeichnung für »gemischte Elementinhalte«, also XML-Elemente, in denen sowohl Text als auch weitere Elemente enthalten sind.
Mobipocket	E-Book-Dateiformat, das von Amazon übernommen wurde und unter dem Namen »KindleFormat« weiterentwickelt wird.
Multi Channel Publishing	Beschreibt die Idee des → Single Source Publishing mit Fokus auf die Ausgabekanäle: Aus einer Datenquelle sollen beliebige Ausgabekanäle bedient werden können.
Namensraum	Englisch für namespace. Konzept in XML, um die Strukturen mehrerer konkurrierender Grammatiken in einer Instanz zu mischen. Hierzu wird an den Anfang des Tag-Namens der Namensraum geschrieben, aus dem das Tag stammt, und mit Doppelpunkt abgetrennt. Beispiel: <xsl:apply-templates/>.
Namespace	→ Namensraum
OCF	Abkürzung für Open Container Format. Offener Standard, der die Verwaltung und Organisation der für ein EPUB-Dokument benötigten Daten festlegt.
ONIX	Akronym für Online Information Exchange. XML-basierter Standard zum Austausch von bibliografischen und Produkt-Daten in Verlagen und im Buchhandel.

Online Information Exchange	→ ONIX
Open Container Format	→ OCF
Open Packaging Format	→ OPF
Open Publication Structure	→ OPS
OPF	Abkürzung für Open Packaging Format. Offener Standard, der den Aufbau und die Kompression (zip) eines EPUB-Dokuments festlegt.
OPS	Abkürzung für Open Publication Structure. Offener Standard, der die eigentlichen Inhaltsdaten eines EPUB-Dokuments beschreibt bzw. deren Form festlegt.
Parser	Software, die eine XML-Instanz (= Datei) gegen die Regeln einer XML-Grammatik (→ DTD, → XSD) prüft und ggf. Fehlermeldungen zurückgibt.
Pattern Matching	Englisch für Musterabgleich. Begriff für ein Verfahren, bei dem anhand eines vorgegebenen Musters (»Suchzeichenfolge«) Daten analysiert und Treffer ausgegeben werden.
PDF	»Portable Document Format«, ein ursprünglich von Adobe definiertes Format zur plattformneutralen Speicherung von (gesetzten/druckreifen) Dokumenten.
PI	Abkürzung für Processing Instruction. Konstrukt in XML, um Befehle und Steueranweisungen in eine XML-Instanz einzubringen, die nicht in der XML-Grammatik enthalten sind. Eine PI wird beim parsen ignoriert.
Plattformneutrale Daten	Daten, die konvertierungsfrei auf allen (Rechner-) Plattformen gelesen werden können. Die Plattformneutralität ist die wichtigste Voraussetzung für → medienneutrale Daten.
Processing Instruction	→ PI
Proprietäres Format	Spezifisches Datenformat, das von einer bestimmten Software, z.B. einem Textverarbeitungssystem oder einem Layoutsystem, eingesetzt wird und in der Regel von anderer Software nicht ohne Konvertierung verarbeitet werden kann.
Reflowable Text	Prinzip des Textumbruchs in fast allen digitalen Medienkanälen, nach dem sich der Textfluss an die Bildschirmbreite dynamisch anpasst.

RelaxNG	»Regular Language Description for XML New Generation«. In der Verlagsbranche wenig verbreiteter Standard zur Definition von XML-Grammatiken. Im Unterschied zu → DTD und → XSD, die → W3C-Empfehlungen sind, ist RelaxNG ein ISO-Standard.
Rendern, Rendering	Die Umsetzung von (strukturierten) Inhalten in eine konkrete (Bildschirm-)Darstellung durch einen Browser oder ein anderes Lesegerät.
Responsives Layout	Technisches und gestalterisches Konzept für den Aufbau von Webseiten, das dafür sorgt, dass diese besser auf die Möglichkeiten des jeweiligen Ausgabegerätes (Bildschirm, Tablet, Smartphone etc.) reagieren können.
Schematron	Validierungssprache zur Überprüfung von Konventionen in XML-Daten. Ergänzt die Prüfungen gemäß einer → DTD oder → XSD
Selektor	Teil einer CSS-Regel. Der Selektor definiert die Auswahl der Strukturteile eines HTML-Dokuments, die über die CSS-Regel formatiert werden sollen.
Semantik	Die Lehre von den Bedeutungsinhalten.
Semantische Auszeichnung, semantisches Markup	In Abgrenzung zu einer rein formalen Auszeichnung beschreibt das semantische Markup die Auszeichnung von Texten (in XML) nach ihrem Bedeutungsinhalt.
SGML	Standard Generalized Markup Language, ein 1986 verabschiedeter Standard zur Auszeichnung von Texten mit Markup.
Single Source Publishing	Crossmediales Publizieren aus einer zentralen Datenquelle, aus der beliebige Ausgabekanäle bedient werden sollen.
Standard-Entities	Fünf vordefinierte und im XML-Standard verankerte → Character Entities, die verwendet werden können, ohne vom Anwender selbst definiert werden zu müssen. Sie beschreiben Zeichen, die selbst wieder Steuerzeichen in XML darstellen und deshalb über eine Entity codiert werden müssen, wenn sie als Textzeichen (und nicht als Steuerzeichen) gemeint sind. Die fünf Entities sind & für das »&«-Zeichen, &glt; (»>«), < (»<«), " für das doppelte (") und ' für das einfache (') Anführungszeichen.
Starttag	Ein Element wird von einem Start- und einem Ende-Tag umschlossen. Das Starttag kann optional Attribute enthalten.

Struktur	Allgemeine Bezeichnung für den Aufbau eines (XML-)Dokuments.
Stylesheet	Englisch für Formatvorlage. Im XML-Umfeld in zwei verschiedenen Bedeutungen zu finden: die »Cascading Stylesheets« (CSS) beschreiben tatsächlich Formatvorlagen, die XSLT-Stylesheets hingegen Transformationsregeln.
Syntax	Hier: ein System von Regeln, nach denen Programmiersprachen und andere formale Sprachen aufgebaut sind.
Tagging	Das Einbringen von Markup (Tags) in Texte.
Tag	Englisch für Markierung. Ein Tag ist in XML das zentrale Auszeichnungsmittel. Ein XML-Element wird von einem Start- und einem Ende-Tag umschlossen. Ein Tag beginnt mit einer öffnenden Spitzklammer und endet mit einer schließenden Spitzklammer.
Template	Englisch für Schablone. In der graphischen Industrie häufig Synonym für Stilvorlagen. In XSLT beschreibt ein Template eine Transformationsregel.
Top-Level-Element	Das oder die XML-Element(e), die Kindelemente des → Wurzelelements sind.
Transformation	In Abgrenzung zur → Konvertierung der strukturelle, regelbasierte Umbau einer Datei.
TXSTEP	Eine XML-basierte Skriptsprache zur wissenschaftlichen Analyse und Verarbeitung von Texten.
Unicode	Internationaler Standard zur Zeichencodierung mit dem Anspruch, die Schriftzeichen aller gesprochenen Staatssprachen, der wichtigsten technischen Disziplinen sowie klassischer und historischer Texte (und weitere Zeichen) plattformneutral abbilden zu können.
UTF-8	Abkürzung für 8-Bit UCS Transformation Format. Die in der westlichen Welt gebräuchliche Form von → Unicode, bei der alle → ASCII-Zeichen auf je einem Byte abgelegt sind, die anderen Zeichen auf zwei bis vier Byte pro Zeichen.
Valide Daten, Validität	Als valide bezeichnet man XML-Instanzen, die den Regeln der zugeordneten XML-Grammatik (→ DTD oder → XSD) entsprechen.
Volltextsuche	Die technisch einfachste Suchmöglichkeit in Texten, bei denen stets der gesamte Wortlaut durchsucht wird. Die Volltextsuche liefert vergleichsweise undifferenzierte Suchergebnisse.

W3C	Gebräuchliche Abkürzung für → »World Wide Web Consortium«.
W3C-Standard	Vom W3C als »recommendation« herausgegebene, finalisierte Fassung einer → Syntax und/oder der definierten Arbeitsweise einer Software, die eine Syntax verarbeitet.
Web-App	→ App (Anwendungsprogramm), die im Webbrowser abläuft – auch ohne dass der Anwender sieht, dass es sich um einen Webbrowser handelt. Für Verlage häufig die interessanteste Form der App-Entwicklung, da hier die Verwertung von Content stärker im Vordergrund steht als bei den sogenannten nativen Apps.
Web 2.0	Eingebürgerter Begriff für eine neue Generation des Webs, bei dem die Interaktion des Anwenders (»Mitmach-Web«) im Vordergrund steht.
Well formed, Wellformedness	Englisch für → wohlgeformt, Wohlgeformtheit.
Wohlgeformt, Wohlgeformtheit	Die formale, syntaktische Korrektheit einer XML-Instanz, unabhängig davon, ob sie auch den Regeln einer Grammatik folgt. Die wichtigste Regel der Wohlgeformtheit ist der streng hierarchische Aufbau einer XML-Datei als → Baumstruktur.
World Wide Web Consortium	Kurzform W3C. Gremium zur Standardisierung der Technologien, die im Umfeld des Internet von Bedeutung sind.
Wurzelelement	Das oberste, alles umschließende Element einer XML-Instanz. Jede XML-Instanz enthält genau ein Wurzelelement.
Wurzelknoten	Der Wurzelknoten ist eine theoretische Einheit in jedem XML-Dokument. Jede XML-Instanz beginnt mit dem Wurzelknoten, der auch das Wurzelelement (inklusive seiner Tags) mit einschließt.
WYSIWYG	Akronym für »what you see is what you get«. Gebräuchlicher Begriff für die Arbeit in Layoutprogrammen, bei denen die Ansicht am Bildschirm dem endgültigen Erscheinungsbild bereits entspricht.
XML	Die Extensible Markup Language. 1998 als Subset von → SGML definiert, ist XML heute die weltweit wichtigste Auszeichnungssprache für (Text-)dokumente aller Art.
XML first	Bezeichnung für diejenigen Publikationsworkflows, bei denen die Autorendaten zuerst nach XML überführt werden und anschließend in den Satz und die übrigen Ausgabekanäle gegeben werden.

XML last	Beschreibt einen Publikationsworkflow, bei dem die XML-Daten erst nach Abschluss der Satzarbeiten aus den Satz- oder Druckdaten konvertiert werden.
XML Schema	→ XSD
XML-Editor	Software zur Erstellung, Korrektur und Kontrolle von XML-Daten. XML-Editoren verfügen stets über ein Dateneingabefenster (teils graphisch, teils im Quellcode) und über eine Möglichkeit, eine XML-Grammatik (→ DTD, → XSD) einzulesen, die erfassten XML-Daten zu → parsen und kontextabhängig nur die Strukturelemente anzubieten, die an der Cursorposition zulässig sind.
XML-Instanz	Fachausdruck für XML-Datei.
XPath	Bestandteil des XSL-Standards. Hilfssprache zur Lokalisierung von Knoten in XML-Dokumenten.
XSD	XML Schema Datei. Ein XML Schema ist die »modernere« und leistungsfähigere Grammatik gegenüber einer → DTD. Eine XSD ist selbst wieder in XML-Syntax geschrieben.
XSL	Die Extensible Stylesheet Language. Eine Sammlung von drei Standards zur Verarbeitung von XML-Daten: → XSLT, → XSL-FO und → XPath.
XSL-FO	Extensible Stylesheet Language-Formatting Objects. Eine XML-Anwendung, die die Anordnung von Elementen auf einer Seite beschreibt. Zur Ausgabe, d. h. für den eigentlichen Umbruch, wird ein → FO-Prozessor benötigt.
XSLT	Extensible Stylesheet Language Transformations. Die Standard-Transformationssprache für XML-Dokumente, z. B. um aus XML-Daten HTML-Dateien zu erstellen.
XSLT-Prozessor	Software, die die Transformation der XML-Daten gemäß den im XSLT-Stylesheet festgelegten Regeln vornimmt.
XSLT-Stylesheet	Das Dokument, das die Transformationsregeln enthält. Ein XSLT-Sylesheet ist selbst in XML-Syntax geschrieben.
XSLT-Template	Einzelne Transformationsregel innerhalb eines → XSLT-Stylesheets.

Register

A
American Standard Code for Information Interchange 17
Anreicherung 49
APP 116
ASCII 18
Asset 119
Attribute 35
Attribute selektieren 102
Auszeichnung 41
Auszeichnungssprache 29
Auszeichnungstiefe 41

B
Baumstruktur 101
Bit 16
Block-Elemente 59
Box-Modell 70
Browser 19
Business Rules 113
Byte 16

C
Change Management 7
Character Entities 18
Codepage 17
Codierung 21
Containerelement 32
Content 6
Content Management System 49, 119
Cross Media Publishing 26
CSS, cascading stylesheets 50, 61
- Einbindung eigener Schriften 70
- Farben in 68
- Maßeinheiten in 67
- Selektoren in 72
- Syntax 64

D
Dateiformate 12
Datenelement 32
Datenformat 27
Deklaration 65
Deklarationsblock 64
<div> 58
DocBook 44
Dokumentstrukturen 29
DTD, Dokumenttyp-Definition 41, 53, 125
Dublin Core 78

E
E-Book-Produktion 83
einheitliche Datenqualität 48
Elemente 31
Elternelement 32
Endgerät 14
Entities 19
EPUB
- Abbildungen im 80
- Aufbau eines EPUB-Dokuments 76
- Einbindung von CSS 79
- Grenzen der Formatierung 81
- Schriftendarstellung im 81
- Sonderzeichen im 81

EPUB3 82
Ergebnisbaum 91
Extensible Stylesheet Language 86

F
Fixed Layout E-Book 82
Fonts, lizenzpflichtige 81
FO-Prozessor 117
Formatierung 28

G
geordnete Liste 55
Geschwisterelemente 32
Gestaltung von E-Books 79
Glyphe 19
Grammatiken 39
Granularisierung 120
Grenzen von XSLT 99

H
Herstellerunabhängigkeit 27
Hierarchie 34
HTML5 31, 50
HTML, Hypertext Markup Language 30
Hyperlinks 56

I
IDML, InDesign Markup Language 115
IDPF 75
Inline-Elemente 59
International Digital Publishing Forum 75
ISO 12 083 44

K
Kind-Achse 101
Kindelemente 37
Kindle-Format MobiPocket 82
KindleGen 82
Klassen 57
Knoten 101, 105
Knotentypen 101
Kombinatoren 73
Konvertierung 47, 48

L
Layoutsatzsysteme 114
Leere Elemente 35
Leseprobe 85
link-Element 62, 79

M
MAM-System, Media Asset Management System 119
Markup 29, 36
Markup Language 30
MathML 53
Media Asset 119
Medienneutrale Daten 26
Metadaten 29, 50, 78
MIME-type 76
Mixed Content 110

N
Namensräume, Namespaces 53
Navigation in XML-Dokumenten 102
ncx-Datei 78
News Industry Text Format 44
NITF 44
Nummerierung 97

O
OCF 76
ONIX 44
Online Information eXchange 44
Open Container Format 76
Open Packaging Format 76
Open Publication Structure 76
OPF 76
OPF-Datei 77
OPS 76
Output-Element 92

P
Parameter 98
parsen, Parser 43
Pattern 91
Pfadangaben 103
Plattformneutralität 27
Popups 27
Prädikate 102
Processing Instructions 101
Produktion von EPUBs 82

Q
Qualitätssicherung der XML-Daten 113
Quellbaum 91
Quelldatenformat 27
Querverweise 56

R
Recherchierbarkeit 29
reflowable text 14, 75
regelbasierte Formatierung 51
Rendering-Prozess 70
Rendern 14
responsives Layout 64
Roundtripping 110

S
Schematron 114
Schriften 69
Selektor 64
semantische Auszeichnung 39
SGML 29
Single Source Publishing 26, 47, 83
<span> 58
Standard-DTD 125
Standard-Entities 19, 33
Standard Generalized Markup Language 29
Standard-Grammatik 125
Struktur 28
style-Attribut 62, 79
style-Element 62
Stylesheet 33
Systemunabhängigkeit 27
Szenarien der Umstellung 123

T
Tabellen 56
Tags 31
TEI, Text Encoding Initiative 44
Template Rules 91
Templates 89
Textverarbeitungsprogramme 115
Toplevel-Elemente 37, 50
Transformation 83, 86
TXSTEP 100

U
ungeordnete Liste 55
Unicode 20
Universalselektor 73
UTF-8, Universal Character Set Transformation Format 21

V
valide 43
Verweis 27, 36
Vollautomatisierter Satz 117
Volltextsuche 27

W
W3C-Standard 37
Werksatzsysteme 116
wohlgeformt, well formed 37, 43
World Wide Web Consortium (W3C) 30
Wurzelelement 37, 50
Wurzelknoten 93, 101

X
XHTML 31, 50
– strict 30
– transitional 30
XML 30
XML-Datenmodell 101
XML-Editor 89
XML first 46
XML-first-Workflow 83, 118
XML-Grammatik 46
XML-Instanz 35

XML last 46
XML Schema 41, 43, 125
XML-Standard 39
XML-Workflow 49
XPath 87
- -Ausdruck 91
- -Syntax 101
XSD 41, 43
XSL 86
XSL-FO 87, 117
XSLT 83, 87
- -Arbeitsumgebung 89
- Bedingungen 96
- Einsatz von 99
- -Prozess 88
- -Prozessor 87, 89
- -Stylesheet 86, 91
- -Template 89
- -Transformationsprozess 84
- -Transformationsregel 89
- -Variablen 98

Z
Zweitverwertung 27
Zweitverwertungstiefe 112

Über den Autor

Tobias Ott, geb. 1969 in Tübingen, studierte an der Fachhochschule für Druck (heute »Hochschule der Medien«) in Stuttgart Verlagswirtschaft und Verlagsherstellung sowie Werbetechnik und Werbewirtschaft, die er beide 1995 mit Diplom abschloss. 1996 übernahm er die Geschäftsleitung der »pagina GmbH elektronische Satzherstellung«, eine kleine, auf geisteswissenschaftliche Publikationen spezialisierte Setzerei, die er systematisch zum XML-Dienstleister für die Verlagsbranche ausbaute. Im Jahr 2011 wurde die Firma in »pagina GmbH Publikationstechnologien« umbenannt. Sie zählt heute zu den wichtigsten XML-Beratungs- und Dienstleistungsunternehmen der Verlagsbranche.

Seit 1996 unterrichtet Tobias Ott an der Hochschule der Medien den Verlagsnachwuchs im Bereich XML/crossmediales Publizieren. Daneben war er jahrelang für das Seckbacher Kolleg, mehrere Börsenverein-Landesverbände und die IHK tätig.

Tobias Ott publizierte u. a. bei K. G. Saur, Duden Brockhaus, Oxford University Press und Niemeyer.

Printed and bound by CPI Group (UK) Ltd, Croydon, CR0 4YY
30/09/2026
14973053-0002